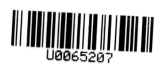

心一堂術數古籍珍本叢刊

書名：儀度六壬選日要訣（清刻足本）（下）
系列：心一堂術數古籍珍本叢刊　選擇類　第一輯　114
作者：【清】張九儀
主編、責任編輯：陳劍聰
心一堂術數古籍珍本叢刊編校小組：陳劍聰　素聞　梁松盛　鄒偉才　虛白盧主

出版：心一堂有限公司
通訊地址：香港九龍旺角彌敦道六一〇號荷李活商業中心十八樓〇五—〇六室
深港讀者服務中心·中國深圳市羅湖區立新路六號羅湖商業大厦負一層〇〇八室
電話號碼：(852)67150840
網址：publish.sunyata.cc
電郵：sunyatabook@gmail.com
網店：http://book.sunyata.cc
淘寶店地址：https://shop210782774.taobao.com
微店地址：https://weidian.com/s/1212826297
臉書：https://www.facebook.com/sunyatabook
讀者論壇：http://bbs.sunyata.cc/

版次：二零一五年四月初版
平裝：二冊不分售

港幣　四百五十元正
定價：人民幣　四百五十元正
新台幣　一千七百八十元正

國際書號：ISBN 978-988-8266-92-0

香港發行：香港聯合書刊物流有限公司
地址：香港新界大埔汀麗路36號中華商務印刷大廈3樓
電話號碼：(852)2150-2100
傳真號碼：(852)2407-3062
電郵：info@suplogistics.com.hk

台灣發行：秀威資訊科技股份有限公司
地址：台灣台北市內湖區瑞光路七十六巷六十五號一樓
電話號碼：+886-2-2796-3638
傳真號碼：+886-2-2796-1377
網絡書店：www.bodbooks.com.tw
台灣國家書店讀者服務中心：
地址：台灣台北市中山區松江路二〇九號一樓
電話號碼：+886-2-2518-0207
傳真號碼：+886-2-2518-0778
網絡書店：http://www.govbooks.com.tw

中國大陸發行　零售：深圳心一堂文化傳播有限公司
深圳地址：深圳市羅湖區立新路六號羅湖商業大厦負一層〇〇八室
電話號碼：(86)0755-82224934

心一堂微店二維碼

心一堂淘寶店二維碼

六壬課傳美格并用法、　共十三格、

造葬吉日、取六壬之祿馬貴人、到山到向者、皆合大六壬之美格、取而用之、諸盤惡課、並不輕用、則富貴龍德等課、理宜開出、以便採取、

一取富貴課、　以本日二貴發在三傳也、　用法如乙卯日、三傳、申戌子、申爲陽貴、子爲陰貴、發出三傳、午山用申、乙山用子、大利之類、　畢法賦、止在四課、取馬加干上、或祿或貴加支上、不必發傳、名

眞富貴課　選日必取貴人發傳、到山到向、

一取榮華課　以本日祿馬貴人三傳全備也、用法如壬申日三傳巳寅亥、巳爲陽貴寅爲日馬亥爲祿元巳貴到坤申向亥祿到艮寅山之類、

一取龍德課　以太歲之支爲本日貴人月將太陽、躔臨太歲支上爲人生命到山或向是也每年有一月、用法如辛巳年七八月太陽在巳日元癸酉癸亥、三傳丑卯巳巳臨卯山太陽太歲全貴人

到山發福最速巳命主人主卯酉巳亥年立見富貴。課經集太歲今朝作貴人取用還須月將神龍德課宜干德澤恩賜真官拜聖君此課福力甚大甚確。大者得太歲太陽並臨也確者以生命巳人到山到向也

一取官爵課 以太歲月建日元生命四者共為一馬也以太常加戌發傳作印綬此六壬數也儀度選日六壬法則取此馬兼為生命為本山本向之

祿貴而到山到向發用在傳也　用法如舒城張
雲六將冲地丁亥年癸卯月乙未日乙亥命年月
日命皆以巳爲驛馬而家孫實乙巳命亥將加丑
三傳亥寅巳癸山丁向用事亥爲歲貴爲丁向貴
爲生命得太歲太陽撈之到山爲力既重而四馬
之巳爲癸山貴人者加臨丁向發在末傳三傳順
以生之福力不更重且速乎巳命大得力此儀度
六壬之官爵課較占卜法僅僅得一焉者高強不

數十倍耶、妙在年月日之馬爲本山貴人既美、
又加在向焰轉來更美況三傳又順以生之、
一取時太課。 大六壬數取太歲月建皆發傳而青
龍六合加在歲月支上如人得時運謀爲順利而
通太也、 儀度六壬用法取年支月支發傳即爲
山向祿馬貴人到山到向福力最大其天將不必
拘定青龍六合但看神與將相合與否不合則吉
也爲凶合則凶也反吉、

一取和美課。　合歡課。　回環課。　揔取四課得三合而發出三傳者、即課中之三合也。　如丁日、四課三傳、皆亥卯未、亥加丁山爲本山貴、爲丁日貴、得三合拱貴格。又乙日四課三傳、皆未卯亥、卯加丁向爲癸山貴人、爲乙日祿元、得三合拱祿格。諸如巳酉丑寅午戌申子辰皆如此推、占課主諸事和諧、造葬主福澤順利、

一取亨通課。　取三傳順生祿馬貴人、到山到向也、

逆生者更有力、用法如戊辰日、三傳亥寅巳順
生日干巳祿亥山巳向用之大吉、又如丁亥日、
三傳巳寅亥逆生巳馬加申艮山坤向大利、艮
納丙巳即丙也發在初傳又爲艮丙祿神末傳之
亥又爲艮丙貴人此利在本山也如用向利更美
于山利之法則戊辰日三傳亥寅巳巳加艮上取
坤山艮向是也
一取華蓋乘軒課 取三傳午卯子也午爲天馬卯

爲車輪、子爲華蓋、三傳須爲本日本山本向祿貴、
丁酉、己酉、辛酉、壬子、癸酉五日、皆午
卯子、丙丁酉日、又有子卯午、共有九山用此課、
壬山、子山、癸山、乙山、卯山、丁山、
午山、辛山、酉山、用法如己酉日、三傳午卯
子午爲巳祿、子爲巳貴、辛山乙向用之日祿午、
兼爲辛山貴到山日貴子、兼爲乙向貴臨向之類、
一取斲輪課。取卯戌巳三傳、卯用加申、申爲斧斤、

卯爲車輪也　用法如癸卯日三傳(卯)戊(巳)二貴亥酉向用貴會元辰法坐卯向酉喜辛年提酉作歲祿喜丙丁年提酉作歲貴　又如丁丑日三傳(卯)戊巳亦卯巳亥酉山酉爲丁日日貴大吉但卯巳二傳非祿非貴最喜壬癸年提卯巳作貴人

一取鑄印乘軒課　取(巳)戊(卯)三傳以巳中丙火合戊中辛金鑄作金印而卯爲車輪一如仕宦家佩印乘車之象　用法如癸未日三傳(巳)戊(卯)巳爲

陽貴卯為陰貴中夾一亥用貴對元辰法取亥出巳向之類　喜太歲丁干提亥作貴太歲壬干提亥作祿而丁亥年更美以二貴夾太歲也

一取德慶課　止有二日九月丙子三月壬午取干德支德天德月德四德聚集一神而發用在傳主合家吉祥多榮慶也　用法如壬午日三傳巳寅亥亥為壬祿為干德壬午第六干支為丁亥丁與壬合為干德亥為壬祿為支德在三月壬為天德

月德亥卯壬也四德之亥加在艮寅上作艮山貴大利巳然四德全者甚少止有干德支德或止有天德月德亦好干支二德易曉天月二德當詳明錄出以便取用

正月天月德在丁丙宜用丁丙山、或用癸壬山丁丙向亦可、建寅之月、天月德取丁丙者以丁火受甲木正印生丙火長生在寅也、

是月宜取丁丙日午巳神發用　凡午神巳神作祿馬

貴人發傳到各山向皆為天德月德照臨 用法
如丁亥日三傳申未(午)午加丁山為日祿山祿吉
巳今在正月實兼天德 又如丙子日三傳(巳)戌
卯巳加壬山為山貴日祿向祿吉巳若在正月又
兼月德 巳午二神為祿祿與貴人到山到向既巳
叶吉何須又用天月德然而取夫天月德者以其
當令乘時則祿與貴人更為有力也 此取木旺
則火相大為合理夫何當春令通書中取亥子為

母倉獨不知木旺則水衰乎

二月天月德在坤甲宜用坤甲山　或用艮庚山坤甲向亦可

建卯之月天月德取坤甲者以坤爲木庫得乘旺木甲木帝旺于卯也　天德之坤郎未也昔見賴仙催官評水篇言卯龍見未水來主富豪去主貧天心甚疑之今觀卯月以坤爲天德則未爲天德水果宜來不宜去矣然則玉尺經何以爲黃泉夫亦曰合局則爲天德破局則爲黃泉耳餘三局皆如此推

是月止宜取甲日寅神發用、　凡寅神作祿馬貴
人發傳、到各山向皆爲月德炤臨、　用法、如申子
日三傳申亥寅、用艮山坤向、兼寅申者、則天德月
德、一山一向、並收之已、　寅加乾亥、又不如巽山
乾向、天德之寅、又作乾祿巽貴到向、　又有三傳
寅酉辰、用未山丑向、寅爲甲日祿、丙寅爲甲子福
星貴人、今到辛未陰貴山、納音以火生土吉、已而
二月用事、又兼月德、詎不更美、　天德之坤、用法

若何丁亥年二月舒城張雲六將沖墊母與媳卯龍坤水九曲入堂竟得五兇臨門帶財來之法而二月坤向坤水爲天德用事是五鬼送財中又得天德貂臨吉可勝言乎觀此則丑月乾八月艮十一月巽皆可悟而用之已但犯便讀歌若是卯龍見此水尅妻煞犯人悲傷子在立向中化之非但不尅且老母大起家業

三月天德皆在壬宜用壬山　或用丙山壬向亦可

建辰之月、天月德取壬者以辰爲水庫、壬水逢之
得收成也、觀此則水局辰水去不得賴公言來
主富豪去主敗矣非謬言也、是月宜取壬日亥
神發用、凡亥神作祚祿馬貴人發傳到山到向皆
爲天德月德照臨、用法如壬午日、三傳亥亥卯、
亥加丁山爲山貴爲日祿第六日是丁亥、爲干德、
爲支德吉巳、若在三月用事則亥又爲天德月德、
是一神而兼四德所以爲德慶課餘五壬無支德、

用天月二德法、舉春季三個月爲例、餘皆倣此

四月（天月）德在（辛、庚）宜用（辛庚）山、　或用（乙甲）山（辛庚）向亦可、

建巳之月、（天月）德取（辛庚）者、以辛金受戊土正印生、庚金長生在巳也、　觀此則玉尺經、及子平說辛金死于巳與丁火死在寅、癸水死在申、乙木死在亥者非巳、四干既死、何以爲天德、所以斗首論生旺墓槪以陽順爲主、

是月宜取（辛庚）日、（酉申）神發用、炤臨各山向、

五月天月德在乾丙、宜用乾丙山、或用巽壬山乾丙向亦可。

建午之月、天月德取乾丙者、以乾火庫、得乘旺火、丙火帝旺于午也、乾郎戊也、所以午山子向喜戊水來、然午龍乾水合輔星水法、午龍得此砂水秀馬上金街出太尉、

是月止宜取丙日、巳神發用、炤臨各山向、

六月天月德皆在甲、宜用甲山、或用庚山甲向亦可。

建未之月、天月德取甲者、以未爲木庫、甲木逢之

得收成也此木局未水去不得
是月宜取甲日寅神發用熠臨各山向
七月天月德在癸壬宜用癸壬山或用丁丙山癸壬向亦可
建申之月天月德取癸壬者以癸水受庚金正印生壬
水長生于申也　四孟月皆取五行得長生者以
爲德丙丁火生于寅庚辛金生于巳壬癸水生于
申甲乙木生于亥以四時次序言之止有自生而
旺之月並無先旺後生倒行逆回之理奈何玉尺

經以乙木先旺于正月後生于五月也

是月宜取癸壬日子亥神發用炤臨各山向

八月天月德在艮庚宜用艮庚山　或用坤甲山艮庚向亦可

建酉之月天月德取艮庚者以艮爲金庫得乘旺金庚

金帝旺于酉也酉龍艮砂艮水朝最妙

是月止宜取庚日申神發用炤臨各山向

九月天月德皆在丙宜用丙山　或用壬山丙向亦可

建戌之月天月德取丙者以戌爲火庫丙火逢之

得收成也此火局戌水去不得、是月宜取丙日巳神發用熔臨各山向、丙子日第六日得辛巳作四德德慶課戌丙式三傳巳戌卯巳加壬山酉丙式三傳酉丑巳巳加癸向六十日中作三九月四德者止壬午丙子二日、

十月天月德在乙甲宜用乙甲山、或用辛庚山乙甲向亦可、建亥之月天月德取乙甲者以乙木受壬水正印生甲木長生在亥也、

是月宜取乙卯日、卯寅神發用炤臨各山向、

十一月天月德在巽壬、宜用巽壬山、或用乾丙山巽壬向亦可。

建子之月、天月德取巽壬者、以巽爲水庫、得乘旺水、壬水帝旺于子也、所以子山午向、辰水來發貴巽水巽砂更妙、

是月止宜取壬日、亥神發用炤臨各山向、

十二月天月德皆在庚、宜用庚山、或用甲山庚向亦可、

建丑之月、天月德取庚者、以丑爲金庫、巽金逢

之得牧戒也此金局喜丑水來、是月宜取庚日、申神發用炤臨名山向、觀此則世俗多喜臘底庚申者賊此之故、但止知庚申日宜用、而不知用庚申山向、及儀度六壬用庚日申神發用之方、故此無效驗、五庚日、三傳辰申子、申加乙山、旣爲庚日祿元、又爲乙山貴人、又爲臘月天月二德、利極、戊日無此傳、寅午日申祿兼馬、

已上九個月皆呆板數神而明之、畧註正二三月中、

此皆六壬德慶課之義也陽子以祿爲德人所易曉支德取第六支者以支爲日干祿而天干又與日干合也即爲宅神郎爲定生宮天德月德二義官歷載之止示人用之于日而未言及山向通書用九宮吊替法所吊到山向者皆虛而不實何若儀度六壬推德慶課發用法明白顯見靠實貼切之爲眞也是天月二德至今日方彰明較著而得用矣

已上十一美課皆取其與山向相關切方爲有用而

至于德慶課由課經集中丙子日三傳已虎卯取義

推廣之三月壬午日第六日丁亥六月甲申日第六

日己丑九月丙午日第六日辛亥十二月庚申日第

六日乙丑天干相合固爲干德今此四日地支非祿

即貴而皆可爲支德似皆可爲德慶課況此四課又

皆互祿互貴意義更嘉　究竟以祿爲德

用天德月德法

六月天德月德並在甲都中申府坎宅卯方開後門

須寅到卯上地支寅、卽天干甲也、時月將在未、特用申時、未加申上、輪去寅在卯方、便天月二德到卯也、妙在申日申時、能冲寅德、發福最速、

○選日要訣、祿馬貴人、刑冲破害、三煞、
八煞、神藏煞沒、四大吉時、即用太陽禽
星吞啖法、

選日之法、總以取得祿馬貴人爲世人邀福之基、而
已至刑衝破害、三煞八煞、𦋺諸弊集、神藏煞沒、皆當趨
避、而其要訣、則以太歲爲之主、太陽爲之用、何以言
之、即以今年丙歲戌支論、丙火祿于巳、則巽巳爲太
歲祿方、寅午戌馬居申、則坤申爲太歲馬方、丙丁猪

鷄位則庚酉爲太歲陽貴方乾亥爲太歲陰貴方此
一歲吉方一年之定位也丑刑戌戌刑未則丁未癸
丑爲歲刑方酉戌相穿則庚酉爲歲害方辰戌相衝
則乙辰爲歲破方三煞在北則巳亥庚子辛丑爲歲
煞方此一歲凶方亦一年之定位也而其間運動處
則由太陽爲之轉移每日十二時中周流不息一時
輪一宮假如正月用事時太陽在子我用卯時則太
陽所躔之子郎在卯上依次挨去歲祿之巳適輪在

申歲馬之中遁輸在亥刑未之未遁在戌沖辰之辰遁在未是吉凶二宿時時轉移由于太陽一定之方而有不定者在焉禍福之機示人以不測者正由此也大六壬課主用此法所以爲數最靈十二躔舍係天體而旋轉爲吉爲凶安有不確者哉以此推之則五要奇書借九宮爲吊替法似屬人意措而非出於造化之自然也明已

何以謂之祿甲爲陽木爲天干之寅寅亦陽木爲地

支之甲、正月地支建寅、以行春令、非郎天干之甲司令乎、故曰、甲祿到寅、乙丙以至壬癸皆如此推、而戊巳二土、寄旺四季、並無專令、故其祿以丙丁火母之祿以爲祿、

甲祿到寅、　乙祿到卯、　丙戊祿於巳、

丁巳祿居午。　庚祿居申。　辛祿到酉、

壬祿到亥。　癸祿居子。

何以謂之馬、如寅午戌、會成火局、火生在寅。寅能衝

起申來使之行動故以申爲馬火局如此水局木金局亦然

寅午戌馬居申　　申子辰馬居寅

亥卯未馬在巳　　巳酉丑馬在亥

何以謂之貴人取十天干得合之處也萬物非土不生故戊土五數居河圖之中而爲皇建之極一水居北得中央五爲六以成水二火居南得中央五爲七以成火三木居東得中央五爲八以成木四金居西

得中央五爲九以成金五土居中再得五爲十以成土故易曰天數五地數五五位相得而各有合也惟萬物皆生於土坤之先天居正北子位甲從子起己與之合故子爲己之陽貴乙次及丑庚與之合故丑爲庚之陽貴丙次及寅辛與之合故寅爲辛之陽貴丁次及卯壬與之合故卯爲壬之陽貴辰爲陽貴終陰界始天干不臨戊跳及巳癸與之合故巳爲癸之陽貴午爲符頭之子所冲則巳又跳及未甲與之合

故未爲申之陽貴庚次及申、乙與之合、故申爲乙之陽貴辛次及酉、丙與之合、故酉爲丙之陽貴戌爲陰界終陽界始、天干不臨、壬又跳及亥、丁與之合、故亥爲丁之陽貴子爲符頭不再臨、故癸跳及丑、戌與之合、故丑爲戌之陽貴坤之先天在子、先天爲陽、陽從順行、坤之後天在申、後天爲陰、陰從逆轉、則甲在申、乙在未、丙在午、子在巳、戌在卯、己在丑、庚在子、辛在亥、壬在酉、癸在未、與之合者、乃爲陰貴、故曰、

甲戊庚牛羊、乙己鼠猴鄉、丙丁豬鷄位、
壬癸兎蛇藏、六辛逢馬虎、此是貴人方、
用貴人祿馬者、止知本日之貴人祿馬而不知太歲之貴人祿馬爲力最重何也、以其管事一年也、次之月建亦重、以其管事一月也、而尤要生人之祿馬貴人與之相合、而尤要本山之祿馬貴人、郎生人之祿馬貴人加臨本山、是故本山之祿貴、如
甲山祿寅貴丑未、乾納甲全、

乙山、祿卯、貴子申、坤納乙全、忌卯為煞

丙山、祿巳、貴酉亥、艮納丙全、

丁山、祿午、貴亥酉、兌納丁全、

庚山、祿申、貴丑未、震納庚全、忌申為煞

辛山、祿酉、貴寅午、巽納辛全、忌酉為煞

壬山、祿亥、貴卯亥、離納壬全、忌亥為煞

癸山、祿子、貴巳卯、坎納癸全、

已上祿貴總以坐山為主如甲山也喜寅祿臨卯丑

未二貴臨卯酉生人之命卽爲寅丑未乃尠若太歲月建之祿貴亦與相同更尠　至于驛馬如寅午戌之申馬太歲月建日時生命驛馬皆在申申臨辰乙山臨庚酉山第一吉卽臨他山亦吉惟寅山犯三刑卯山犯八煞爲大忌寅巳亥亦如此推

何以謂之刑　寅刑巳巳刑申申又刑寅　寅中有未火巳中有土金申中有金水父子在位相傷爲無恩刑　寅刑巳舉動險阻官事災害彼刑我鬭前事

生發、巳刑申長幼不順先犯後成彼刑我解仇寃
恩報、申刑寅八鬼殘賊男女相制彼刑我動
丑刑戌戌刑未未又刑丑三宮皆土兄弟以力相
傷爲恃勢刑、丑刑戌官鬼刑禁尊貴傷卑賤有撓
不明、戌刑未小凌長壞事妻財凶、未刑丑大小
不和、見喪服
子刑卯卯刑子、子水卯木水母木子改節相傷爲
無禮刑、子刑卯主門戶淫亂死敗尊卑不睦、卯

刑子、主去明入暗、水路不通、子息不睦、　三刑之外、又有自刑、
如辰見辰、午見午、酉見酉、亥見亥、　無所相刑、主自逞高大、更改自害、　凡地物相同、四辰四酉、四午四亥者、爲犯四刑、不利、四庚辰丙命中進士、何忌之有、

何以謂之衝、對冲也、冲凶則凶、冲吉則吉、

子午一冲、　主道路馳逐、男女爭謀變用、

丑未一冲　主兄弟相持、謀心不同、幹事不遂、

寅申相沖、　士八鬼相傷父子異心、
卯酉相沖、　門戶改移逃亡失脫外人淫亂奸私、
辰戌相沖、　主僕離異不義相爭貴賤不明、
巳亥相沖、　主行事交覆無實重求輕得、
犯沖者六壬課中爲返吟不吉而山頭亦有吉者以
沖吉財吉也

何以謂之破陽破陰陰破陽也

子破酉、　卯破午、　丑破辰、　戌破未　亥破寅

巳破申、破者釋散也、主事更改、多有中輟、午破卯、酉破子、主門戶破敗陰小有灾、辰破丑、主丘墓寺觀損壞、未破戌、主先破後刑、亥破寅、申破巳、主先破後合、冲主反覆破主傾頹、

凡用諸課傳、不宜與歲月日時冲破、如甲干、忌見巳刑申冲、如子支、忌見午冲酉破之類、刑亥亦然、凡惡事宜冲、冲散則解釋不成凶、旺神不宜冲、冲動則反爲厄、類神、歲月犯空亡、喜冲、冲則暗動、吉空宜

冲、凶塋不宜冲、冲則反實、刑破害皆然、

何以謂之害。即穿心煞也。

子未一穿、丑午一穿、寅巳一穿、

申亥相穿、酉戌相穿、辰卯相穿、

害者侵害也損也、如子畏午冲、直上穿心見未與冲午合是助仇而害子也、似水壅滯事多阻隔、子未爲勢豪害、子卯未主事無終始官非口舌、未加子、營謀阻塞有灾、丑午、辰卯、爲少凌長害、丑加午、官病憂驚夫妻不和午加丑事不明不就卯辰相加主事虛驚爭財有阻　寅巳申亥為競強爭進害寅加巳主出行改動退利進阻巳加寅主事艱隔口舌憂疑申加亥事先行後疑阻必無終始亥加申圖謀未遂事無終始　酉戌為鬼害酉加戌為陰小遯亡病凶戌加酉時有阻病凶　六害之中而又犯刑者更凶刑沖破害毋年一位其用說見五代北魏崔浩浩普天文陰陽將庚午年南齊舉兵伐魏浩謀魏主曰齊有

三不利今年太歲在午午爲自刑主先動者犯自刑
一也午與丑穿丑揚州分野是齊國犯自害二也又
今年月食在斗牛之宿亦在齊之分野三也又商兄
與浩辯漢元年十月五星聚於東井十月爲誤五星
土星十八年一周天火星二年一周天木星十二年
一周天火星會於一官必須此年木星亦到此宮三
星相聚候金星水星同到方爲五星會聚金水二星
一年一周天輔佐太陽一月行一宮建亥十月太陽

在卯、金水二星走過卯辰宮、安得停在未宮井宿也。
高允細心如此、踰數月、浩悟大服。由此推之、木爲歲星、最吉、故云歲星所在之國不可伐。是木星所到山頭、用之大吉、然亦應四土宿、乙丁癸辛四山、亦必忌之。日蝕月蝕之方、不可動作。假如三月日蝕朔日、在奎婁二宿、月蝕望夜在角亢之間、此月辛戌乙辰山、萬不可用。至於歲刑、歲冲、歲破、歲害之方、山頭皆不可用。而每月運動之法、用飛宮吊替、恐出牽強臆妄。

須知六壬課盤式內照隨太陽旋轉乃爲真確如丙戌年十月太陽在卯丙午日未時則辛卯在未月將加時從此撥去壬辰在申爲歲破乙未在亥爲歲刑丁酉在丑爲歲穿己亥在卯庚子在辰辛丑在巳爲三煞明矣

何以謂之三煞每年絕胎養三位爲刦煞歲殺灾殺假如今年丙戌煞在亥子丑三方不用而五虎遁得己亥庚子辛丑此三日尤所當忌煞于年年余在宿

兎

遷南北向屋竟行造作言彼處並不知此禁忌歷來
皆犯
何以謂之八煞謂八卦中官鬼爻也詩云
坎龍坤兎震山猴　巽鷄乾馬兌蛇頭
艮虎離猪爲煞曜　宅墓逢之一時休
俗拘末句詩遂以乾山忌午水來震山忌申水來殊
不盡然五要奇書止知納甲還宮之爲美如乾山吊
得六甲到六白巽山吊得六辛到四祿卯山吊得六

庚到三碧而不知避八煞之凶如卯山吊得庚申巽山吊得辛酉且喜謂納甲得祿而還宮殊忘了震卦五爻庚申是鬼巽卦五爻辛酉是鬼也為害不淺然九宮一吊一替飛宮掌訣似出入為不若造化之出於自然者六壬式內如

甲巳干年日中有丙寅忌至艮戊辰忌到坎

乙庚干年日中有壬午忌到乾

丙辛干年日中有戊戌忌到坎巳亥忌到離

戊癸干年日中有乙卯忌到坤、丁巳忌到兌、
庚申忌到震、辛酉忌到巽、
此太歲用五虎遁、日元用五子遁法也。至於
丙寅日、艮山忌、庚申日、震山忌、辛酉日、巽山
忌、己亥日、午山忌、乙卯日、坤山忌、丁巳日、
酉山忌、壬午日、乾山忌、戊辰戊戌日、子山忌、
此九日、皆明白易知者、
何以謂之神藏煞沒。神藏者。謂六惡神遇難受制也。

大六壬課式內惟貴人登天門得六神藏如

貴人巳丑土在亥遇乾金相生爲貴人撩紛

螣蛇丁巳火至子遇壬子制之爲螣蛇墜水

朱雀丙午火至丑逢癸水制之爲朱雀投江

六合乙卯木到寅有艮土植之爲六合乘軒

勾陳戊辰土到卯得甲木尅之爲勾陳入獄

青龍甲寅木到辰遇乙木助之爲青龍飛天

天空戊戌土到巳有巽木制之爲天空戮首

白虎庚申金到午、遇丙火制之爲白虎燒身、
太常己未土入未、遇丁火生之爲太常捧觴、
玄武癸亥水到申、遇坤土制之爲玄武折足、
太陰辛酉金歸酉、得庚星助之爲太陰入宮、
天后壬子水到戌、遇辛金生之爲天后寒帷、
是六吉神、皆得吉位、大凶煞皆受制而藏已、故貴人
登天門、大六壬課爲第一局、然凡貴人登天門、止得
六神藏、唯丑未二貴登天門、既得六神藏、又得四煞

沒而二貴中丑貴登天門神藏煞沒內又得罡塞鬼戶之式四煞者亢婁牛鬼俗言四金煞也沒者言四金皆沒于四維之下伏在辰戌丑未本位也故丑未登天門則辰戌丑未四煞皆沒在寅申巳亥四維之首不但六凶神藏已而大六壬課又以乾爲天門巽爲地戶坤爲人門艮爲鬼路鬼祟最怕者天罡星丑貴臨亥則天罡之辰遂臨寅艮之上凡占課丑貴登天門者六神藏四煞沒中又得罡塞鬼路式主萬事

亨通吉無不利然課占諸事可取塞事獨不取何也以鬼路不可塞也每年五月午時太陽申將在午則罡辰在寅故端陽午時合藥治病皆好也然太陽在申有一月不止端陽一日凡甲戊庚日皆可用

六壬課中取丑未貴人登天門非但六神藏并四金煞沒于四維不知寅申巳亥四維而辰戌丑未四金居之是四金煞不在辰戌丑未跳出寅申巳亥位上何得言沒今細察之是唯寅申巳亥四貴登天門方

可言四金煞沒而丙寅貴登天門天罡之辰加丑艮又爲罡塞鬼路揔莫妙于四大吉時之妙

何以謂之煞沒言鬼牛婁亢四金煞靜伏在辰戌丑未本位不移動現出在外也此法載在官曆每月用四大吉時之中其取義揔以取用太陽之陽光爲主而四煞沒法即在其中取用太陽陽光之法有正照法有對照法有穿照法如

正月雨水太陽在壬　四月小滿太陽在庚

七月處暑、太陽在丙、 十月小雪、太陽在甲、
故官曆、於寅申巳亥四孟月、註用甲庚丙壬時、
二月春分、太陽在乾、 五月夏至、太陽在坤、
八月秋分、太陽在巽、 十一月冬至、太陽在艮、
故官曆、於子午卯酉四仲月、註用乾坤艮巽時、
三月穀雨、太陽在辛、 六月大暑、太陽在丁、
九月霜降、太陽在乙、 十二月大寒、太陽在癸、
故官曆、於辰戌丑未四季月、註用乙辛丁癸時、

用太陽陽光、正照、對照、穿照之法、於此見之已、假如正月太陽在壬、如我用壬時則壬上之太陽在壬是爲正照、如我用丙時則壬上之太陽在丙、是爲對照如我用甲時、或庚時、則壬上之太陽在甲在庚上、是爲穿照、故在正月、用甲庚丙壬時、非正照、即對照、非對照、即穿照、四月、七月、十月、皆如此推、而所云四煞沒、即在其中者、何以見之、如太陽在壬、即用壬時爲伏吟、是辰戌丑未、固皆在本位、不至移動、若用庚時、則壬在庚上、丑郎在戌、辰在丑、未在辰、戌在未、若用丙時、則壬在丙上、丑郎在未、辰在戌、未在丑、戌在辰、是爲返吟、若用甲時、則壬在甲上、丑郎在辰、辰在未、未在戌、戌在丑、是四金仍皆在四金之位、豈非四金煞皆沒乎、此言四煞沒也、然官曆不說何由、何而每月槩言四大吉時者、其取義立法、正非止用太陽之光、亦非止要四煞沒也、大抵天上二十八宿、五行各有所屬、時時運轉、時時過宮、與地下二十四方位、

推盪磨錯之間、得相生秋和之美、遇剋洩戰冒爲[凶、]

官曆言每月四大吉時之法、無非求二十八宿、金宿居金、木宿居木、日月仍居月月之位、俱得比和、不犯剋洩戰鬬之弊、此用四吉時之至訣也、但六壬式中、丑未登天門、畢竟四金宿、移在寅申巳亥上、向非全金在金位、必須如官曆太陽在壬、郎用甲庚丙壬時、太陽在乾、郎用乾坤艮巽時、太陽在辛、郎用乙辛丁癸時、方得金比金、木比木也、但此中猶有未安者在焉。

何以言其未妥也、天上宿度、每一宮有三十度、人間月建、每一月有三十日、即以正月論、立春節十五日、太陽在子、雨水節十五日、太陽在壬、人家用事、在雨水中氣壬時、則壬在壬上、丙在丙上、不犯差錯、若在立春節十五日時太陽在子、預先用壬時、則子在壬上、壬便是亥上、午在丙上、丙便在巳上、便不能火宿在火、水宿在水、唯以每月節氣為主、如立春節、前七日、後七日、時太陽在子、則用子午卯酉時、雨水氣前

七日後七日時太陽在壬方用甲庚丙壬時乃爲確當

正月立春雨水太陽在子壬　二月驚蟄春分太陽在亥乾
三月清明穀雨太陽在戌辛　四月立夏小滿太陽在酉庚
五月芒種夏至太陽在申坤　六月小暑大暑太陽在未丁
七月立秋處暑太陽在午丙　八月白露秋分太陽在巳巽
九月寒露霜降太陽在辰乙　十月立冬小雪太陽在卯甲
十一月大雪冬至太陽在寅艮　十二月小寒大寒太陽在丑癸

如此排來要查每節每氣前後七日爲確確

庶幾太陽之陽光不至錯漏、四金之金煞没在本位、二十八宿、爲木爲火爲日月爲水土者、皆各得其位、不受木乘金地火入金鄉、諸病已、此正法也、若欲求的確、則查流年飛星、如太陽到虛日鼠、昴日雞、星日馬、房日兎、則在子午卯酉山用子午卯酉時、 如太陽到危月燕、室火猪、畢月烏、觜火猴、張月鹿、翼火蛇、心月狐、尾火虎、則在壬丙甲庚山用壬丙甲庚時、太陽到壁水貐、參水猿、軫水蚓、箕水豹則在寅申巳

亥山、用寅申巳亥時、　太陽到奎木狼、井木犴、角木
蛟、斗木獬、則在乾坤艮巽山、用乾坤艮巽時、　太陽
到婁金狗、鬼金羊、亢金龍、牛金牛、則在辰戌丑未山、
用辰戌丑未時、　太陽到女土蝠、胃土雉、柳土獐、氐
土貉、則在乙辛丁癸山、用乙辛丁癸時、如此用之、則
金水木火土日月、俱歸本躔本度、　太陽陽光得正
照對照穿照之美、禽星無吞啖尅洩之弊、果得此法
二十四山皆可用、不必拘拘陽光也、所以皇曆每月

載四大吉時也、

天德、　正丁、二坤宮、　三壬、四辛同、　五乾、六甲上、

七癸、八艮逢、　九丙、十居乙、　子巽、丑庚中、

○用法、○四仲月、○竟用四維山向、○不可如通書用四孟支。

正七兩月、子癸山向、　二八兩月、坤艮山向、

三九兩月、壬丙山向、　四十兩月、乙辛山向、

五十一兩月、乾巽山向、　六臘兩月、甲庚山向、

月德、　寅午戌月、火局德丙、○　申子辰月、水局德壬、

巳酉丑月、金局德庚、亥卯未月、木局德甲、

用法、與上天德全、申庚丙壬山向、得寅申巳亥發傳、便是也、

乙辛干見卯酉支、丁癸干見午子全此義、

斗首六壬選日內、得遇干支互祿互貴、發福最速、

開山于後以便取用、

甲子己貴、己丑甲貴、己未甲貴、

甲午己祿、己未甲貴、己丑、

甲申己貴、己未甲貴、己丑甲貴、

乙丑庚貴、 庚子乙貴、 庚申乙貴、
乙未庚貴、 庚申乙貴、 庚子乙貴、
丙寅辛貴、 辛亥丙貴、 辛酉丙貴、 辛巳丙祿、
丙午辛貴、 辛酉丙貴、 辛亥丙貴、 辛巳丙祿、
丁卯壬貴、 壬午丁祿、
丁巳壬貴、 壬午丁祿、
丁亥壬祿、 壬午丁祿、
戊子癸祿、 癸丑戊貴、 癸未戊貴、

己丑甲貴、甲子己貴、甲午己祿、甲申己貴、
己未甲貴、甲子己貴、甲申己貴、甲午己祿、
庚子乙貴、乙丑庚貴、乙未庚貴、
庚申乙貴、乙丑庚貴、乙未庚貴、
辛巳丙祿、丙午辛貴、丙寅辛貴、
辛酉丙貴、丙午辛貴、丙寅辛貴、
壬午丁祿、丁卯壬貴、丁巳壬貴、丁亥壬祿、
癸丑戊貴、戊子癸祿、

癸巳戊祿、　戊子癸祿、

癸未戊貴、　戊子癸祿、

○○天星祿馬貴人　山向方並吉、

子丑(土)、寅亥(木)、卯戌(火)、辰酉(金)、申巳(水)、

午(日)、未(月)、

假如丙子年、祿在巳、以水爲祿元、馬在寅、以木爲馬元、貴在酉亥、以金星木星爲貴、貴人用法、以到山爲守垣、到向爲朝元、到方爲吉方、

楊公爲許氏下寅山申向地、用甲戌年、庚午月、太歲甲祿到寅、寅是木爲祿元、歲馬居申、申是水爲馬元、時

五月、水木二星、全在申宮、以照寅山、爲祿馬朝元、且又五月、太陽在申照山、後許氏兄弟、全年出仕、爲官不歇、貴人做此、

據此課、非但合天星祿馬、而且甲年寅祿會元辰戌年申馬對元辰、又合斗首啟秀篇、且甲子日、壬申時、三傳寅巳申、山祿向馬、發現靈動、又合儀度六壬、更兼太陽臨向、戊年午月、拱山、安得不富貴、但此遠年之課、人不親見、今以近日發福地查之、如蘇州烝山、

申山庚向、四四丙申、發周探花、諱弘、無錫嚴埭、庚山甲
向、四庚辰、發薛進士、諱祿天者、杳臺曆開出閱之觀
前便知後已、
丙申太歲、巳水祿元、寅木
馬元、亥木酉金貴元、甲山
庚向兼卯酉、依通書用算
命盤、以每日午時為主、止
是馬祿元貴元在酉上、餘星俱無處用。

日星
午
火張十五
(土)翼十一
巳
爵星
辰
卯
炁
井十
天官魁星
(木)
昴五
羅
未
柳古
申
巳祿
酉
天祿
(水)
星九
(金)
鬼二
酉貴
文星
寅馬
申
酉
戌
亥
未
庚向
子
戌
午
山
甲
丑
月
室十六
巳
辰
卯
寅
亥
祿神
(計)
斗十二
字
危五
寅
丑
子

依儀度六壬月將加時法、七月太陽在午、丙申日、用申時、午宮之日在申、則未宮之金水炁羅四星在酉、酉宮之木星在亥、亥宮之月在丑、丑宮之計星在卯、巳宮之土星在未、　金為酉貴、為文星、　水為巳祿、為歲駕、　羅為天官、為魁星、　炁為喜神、為天嗣、俱在向、為朝元、　計為祿神、在山、為守垣、　木為寅馬、為天祿在亥、　土為爵星在未、俱三方拱照、如此星盤、果然美已、若依時術、不得竅之死法、則此山止一

寅馬天祿之馬在向何以能中採花、文金魁羅、

天官羅、三星在向朝元大得力、

天魁 魁星申地 亥、	孛、女四 土、虛一 子	木、炁、牛十二 丑	寅
水、金、婁廿一 戌 羅、室初 日、奎十六	巳 午	未 申	火、氐十 卯
天冊 昔 歲驛 酉	辰 卯 寅 甲向 丑	子 庚山 亥 戌 酉	天權 月、軫十三 辰
申	未	午	計、翼初 巳

庚辰太歲申水祿元寅木馬元丑土傷貴未月陰貴、陽

庚山甲向兼申寅依遁書看法山向盤吉星並月上二貴人在三方拱山而已、依儀度六壬月將加時法、

非但看山向並看祭主本命若止看山向此課天星意無意味唯看本命則此返吟式　丙辰本命與太歲之辰帶天權之月入太陽旬首天官魁星之戌太陽旬首之戌帶天祿魁星之水　與天官天印祿神喜神之金入辰命辰歲太陰之辰　日月交互而日東月西竟得貴人日月要分明之格且金水輔陽于辰方正在辰時此丙辰命之所以聯捷也時人且曰太歲壓祭主大凶觀此得看本命法又此止看山向者進一籌已周辟二課斗首六壬天星皆合

〇〇天官五星看法、十干化曜爲主、

甲(火)、乙(孛)、丙屬(木)、　丁是(金)星戊(土)求、

己于(太)(陰)庚是(水)、　辛(炁)壬(計)癸(羅)猴、

甲何以爲火乙何以爲孛取義未詳、但既以甲爲火、乙爲孛則五星盤中見火郎從甲論見孛郎從乙論、以至金郎丁、土郎戊、月郎己水郎庚炁郎辛計郎壬、羅郎癸十干既定乃挨次以論吉凶深爲有理臺曆前載五陽于是五陰干舛總天官五星中有不應者

以陰干之并故也今改正於後云

	甲	乙	丙	丁	戊	己	庚	辛	壬	癸
	火	孛	木	金	土	月	水	炁	計	羅
天祿、本干所屬、	乙	甲	丁	丙	己	戊	辛	庚	癸	壬
天暗、劫財。	孛	火	金	木	月	土	炁	水	羅	計
天福、食神、名福星貴人。	丙	丁	戊	己	庚	辛	壬	癸	甲	乙
	木	金	土	月	水	炁	計	羅	火	孛
天耗、傷官、盜氣、天官忌遇。	丁	丙	己	戊	辛	庚	癸	壬	乙	甲
	金	水	月	土	炁	水	羅	計	孛	火
天蔭、偏財、能生天官、故名。	戊	己	庚	辛	壬	癸	甲	乙	丙	丁
	土	月	水	炁	計	羅	火	孛	木	金
天貴、正財、能生天官、故名、	己	戊	辛	庚	癸	壬	乙	甲	丁	丙
	月	土	炁	水	羅	計	孛	火	金	木

天刑、七煞、庚辛壬癸甲乙丙丁戊己
水炁計羅火孛木金土月

天印、正官、郎天官、主科甲發貴、辛庚癸壬乙甲丁丙己戊
炁水羅計孛火金木月土

天囚、梟印、壬癸甲乙丙丁戊己庚辛
計羅火孛木金土月水炁

天權、正印、癸壬乙甲丁丙己戊辛庚
羅計孛火金木月土炁水

天印、郎天官、郎十干正官最喜命主度主與天官仝宮仝度、更喜命主度主郎天官星、又仝度、若遇天耗、尅制天印、得天蔭天貴飛來合傷官生財以生官、天官大得力、

又有文魁二星、

	甲	乙	丙	丁	戊	己	庚	辛	壬	癸
文魁、左文右魁、主文章冠天下。文	羅	計	金	火	金	炁	木	土	日	月
魁	月	日	羅	計	火	金	水	孛	炁	木
文昌、此宮遇之主大貴、	巳	午	申	酉	申	酉	亥	子	寅	卯
官星、郎前天印星可見政者是、	炁	水	羅	計	孛	火	金	木	月	土
印星、左官右印全者大貴、	木	日	火	月	土	羅	金	計	水	孛
催官、遷官進職赴任、	金	水	日	羅	木	炁	孛	土	月	計
祿神、主食祿俸。	木孛	水	計	羅	土	火	金	炁	日	月

喜神、主有喜事、

羅計炁水月土金木孛火

天嗣、要生復生、十干所合、

己	庚	辛	壬	癸	甲	乙	丙	丁	戊
月	水	炁	計	羅	火	孛	木	金	土

歲焦、

子	丑	寅	卯	辰	巳	午	未	申	酉	戌	亥
土	土	木	火	金	水	月	月	水	金	火	木

演禽稱要

演禽一家固是大學問看天台賈似道地記可知記日金星壁水㺄星現最喜金烏升寶殿正面諸侯半面君癸酉生人受恩眷六十年後速宜遷尾火虎星來出現馬頭撥劍插天紅破了金烏傷寶殿天星地曜一齊分到此令人無眼見據此分明說亥馬破烏傷殿與尾虎何與羅經解用卦中持世宿食官山宿爲言六十三年尾虎食壁㺄似道遂死反覆查之

虛而不實、及至本地閱之、方知癸酉穿山、酉龍甲向、尾火虎管局、大寒切記、輪至乙亥年、十月壁貐管年、破畢烏傷寶殿方、悟記中馬頭撥劍插天紅、馬字之訣、何能跳出挨星法、然未有明言、不敢師心自用、藏胸中數十年、不意在鄞縣仇石濤先生斗首藏書內、禽家嘔心語篇中、紛紛議論將畢、忽露真訣云、　演禽管山到山例、　如乙辰山角亢二宿管甲卯山氐房心三宿管、四正三宿、四隅四庫二宿、此管山定例

也、加來到山之例、如十月作甲卯山、用申時卯將
以卯宮氐房心三宿加申上至亥順行至卯得戌宮
奎木狼婁金狗二宿到卯上、食氐土貉房日兎心月
狐三宿大凶、餘倣此、此大訣也、又書內關謬十三要
內參列星宿云、如木元斗首、要用東方七宿云云、以
東方皆木宿也、又云眞訣木山宜用四木宿、水山宜
用四水宿、金火土倣此、余因此一訣合前地記大悟
吞啖者餙名、而生尅者實理也、遂竊取而推廣之、

官山定例

乙辰山角亢二宿、甲卯山氐房心三宿、

艮寅山尾箕二宿、癸丑山斗牛二宿、

壬子山女虛危三宿、乾亥山室壁二宿、

辛戌山奎婁二宿、庚酉山胃昴畢三宿、

坤申山觜參二宿、丁未山井鬼二宿、

丙午山柳星張三宿、巽巳山翼軫二宿此二十四山官山宿定例也、

加來到山之法、如上卯山。分金坐度用氐土

貉、奎木狼、加來食貉、而又木能尅土、誠大凶、若分金
坐度用房心二宿、房心居卯宮、火垣之正垣、二宿屬
火、論禽星吞啖、狼食狐兎凶、論木來生火、則又不凶
而利、若角木蛟、井木犴、斗木獬、不相吞啖之禽、更美、
至于四日、四月、四火相爲比和、即上訣火山宜用四
火宿之義、四金反爲尅制、皆可用之、唯四木肆尅四
土洩氣、大宜避忌、此分金坐度之要着也、若周探花、
四丙申課、甲山尾火虎、管山午將加申、丑斗加到申

卯上第八年癸卯甲辰太歲塡動郎發非斗木生尾火之明驗乎然論吞啖以宿名爲主而論生尅以宿度爲主此法須得對宮頂度之法方準法于十二宮每宮分初關中關末關如卯宮三十度以尾一至房五爲初關房四至氐十一爲中關氐十至氐一爲末關又于十二時每時分上中下三刻初初刻初一刻爲上刻初三刻正初刻爲中刻正二刻正三刻爲下刻假如卯將時太陽躔氐四五度在卯之末關如上

用申時初初上刻則氐土貉在申初關加井四五度
順數挨去挨奎四五度戌之末関加到卯初關之心
二三度亥之初關壁四五度加卯卯之中關氐十五六
房一二度亥之中關室十五六度加到卯之末關氐
五六度以此時刻看定太陽如我用事分金坐度在
卯宫心二三度得奎水加到爲水來生火分金在卯
宫氐十五度得壁水加到爲水彼土尅分金在卯宫
房一二度得壁水加到爲水來尅火分金在卯宫氐

五六度、得
室火加到、
爲火來生。
土尅凶生
吉瞭然不ム
差較覘吞
啖之紛紛。
爲何如也。

閡 末閡

子	女	三	四	五	六	七	八	九	十	十一	虛	二	三	四	五
丑	斗	五	六	七	八	九	十	十一	十二	十三	十四	十五	十六	十七	十八
寅	尾	四	五	六	七	八	九	十	十一	十二	十三	十四	十五	十六	十七
卯	氐	二	三	四	五	六	七	八	九	十	十一	十二	十三	十四	十五
辰	軫	十一	十二	十三	十四	十五	十六	十七	十八	角	二	三	四	五	六
巳	張	十五	十六	鬼	二	三	四	五	六	七	八	九	十	十一	十二
午	柳	五	六	七	八	九	十	十一	十二	十三	星	二	三	四	五
未	井	九	十	十一	十二	十三	十四	十五	十六	十七	十八	十九	二十	廿一	廿二
申	畢	七	八	九	十	十一	十二	十三	十四	十五	十六	半	觜	參	二
酉	胃	三	四	五	六	七	八	九	十	十一	十二	十三	十四	十五	昴
戌	奎	二	三	四	五	六	七	八	九	十	十一	十二	十三	十四	十五
亥	危	十四	十五	十六	室	二	三	四	五	六	七	八	九	十	十一

查各宮頂度法、當用量天尺、以太陽所躔之度、取安命度、出限法、查之最捷、

	中									閉	初				
子	八	七	八	九	危	二	三	四	五	六	七	八	九	十	十一
丑	十九	二十	廿一	廿二	大	牛	二	三	四	五	六	七	女		二
寅	箕	二	三	四	五	六	七	八	九	半	斗	一	二	三	
卯	十六	房	二	三	四	五	六	心	二	三	四	五	六	尾	二
辰	七	八	九	十	十一	亢	二	三	四	五	六	七	八	九	氐
巳	十三	十四	十五	十六	十七	十八	十九	軫	三	四	五	六	七	八	九
午	六	七	張	二	三	四	五	六	七	八	九	十	十一	十二	十三
未	廿三	廿四	廿五	廿六	廿七	廿八	廿九	三十	三十一	鬼	二	半	柳	二	三
申	三	四	五	六	七	八	九	半	井	二	三	四	五	六	七
酉	二	三	四	五	六	七	八	九	十	十一	畢	二	三	四	五
戌	十六	十七	十八	婁	二	三	四	五	六	七	八	九	十	十一	胃
亥	十二	十三	十四	十五	十六	壁	二	三	四	五	六	七	八	九	奎

餘杭朱家巽山乾向巳方築砂以催子戊子年甲子月甲戌日己巳時太陽躔箕水豹取寅作巽山貴乾向祿子年子月馬甲月甲日祿巳砂即用巳時太陽之箕帶祿馬貴人加巳之軫以水比水果寅年酉月巳日生子且在辰時辰時者巽山也六壬之祿馬貴人固驗而演禽之以水比水亦驗生氣巳上築砂之法更驗

日月合朔對望二法、

選日內最美者、日月合朔、日月對望二法、然徒載之書冊而不聞世人用者、以無傳授、不得用之之竅也、今秘受合朔對望假如在子午宮卯時、郎扦子午山向用卯時歸甃、其刻數則炤後開十二宮度數、毎山管十五度、從西而東者、從天體也、時刻、毎一時有八刻、從東而西者、從太陰也、知而用之方無差錯、

○子宮壬後 亥宮乾後 戌宮辛後 酉宮庚後 申宮坤後 未宮丁後

一刻				二刻				三刻				四刻			
初初	刻			初一	刻			初二	刻			初三	刻	月節	居中
二	乙	十	九	八	七	六	五	四	三	二	危	六	五	四	三
	王	中			王	末		子	初			子	中		
九	八	七	六	五	四	三	二	壁	七	六	五	四	三	二	一
	乾	中			乾	末		亥	初			亥	中		
三	二	胃	九	八	七	六	五	四	三	二	婁	八	七	六	五
	辛	中			辛	末		戌	初			戌	中		
五	四	三	二	畢	五	四	三	二	一	十	九	八	七	六	五
	庚	中			庚	末		酉	初			酉	中		
七	六	五	四	三	二	井	九	八	七	六	五	四	三	二	參
	坤	中			坤	末		申	初			申	中		
二	二	柳	二	一	鬼	一	卅	九	八	七	六	五	四	三	二
	丁	中			丁	末		未	初			未	中		

五刻			六刻				七刻				八刻			
正初刻			正一刻				正二刻				正三刻	中氣一度居中		
二子	〔虛〕中	三	二子	一末	十	九	八癸	七初	六	五	四癸	三中	〔女〕	〇子宮前癸
十亥	九中	八	七亥	六末	五	四	三壬	二初	室	六	五壬	四中	〔危〕	亥宮前壬
四戌	三中	二	一戌	十末	九	八	七乾	六初	五	四	三乾	二中	〔奎〕	戌宮前乾
四酉	三中	二	〔昴〕酉	三末	二	一	十辛	九初	八	七	六辛	五中	〔胃〕	酉宮前辛
〔觜〕申	八中	七	六申	五末	四	三	二庚	一初	十	九	八庚	七中	〔畢〕	申宮前庚
一未	廿中	九	八未	七末	六	五	四坤	三初	二	一	十坤	九中	〔井〕	未宮前坤

一刻　二刻　三刻　四刻

〇午宮後丙巳宮後巽辰宮後乙卯宮後甲寅宮後艮丑宮後癸

初初　三　九　（氐）　二　四　（女）
刻初　二丙　八巽　九乙　一甲　三艮　六癸
一　中　七中　八中　（尾）中　二中　五中
初　十　六　七　六　一　四
刻　九丙　五巽　六乙　五甲　（斗）艮　三癸
八未　四未　五未　四未　一未　二未
七　三　四　三　十　一
初二　六午　二巳　三辰　二卯　九寅　初丑
刻　星初　（軫）初　二初　心初　八初　牛初
四　九　（亢）　六　七　四
初三　三　八　二　五　六　三
刻　二午　七巳　一辰　四卯　五寅　二丑
月節　張中　六中　十中　三中　四中　一中
居中　六　五　九　二　三　廿

五刻				六刻				七刻				八刻			
正初	刻			正一	刻			正二	刻			正三	刻	中氣一	度居中、
五	四午	三中	二	星	四午	三未	二	一	十丁	九初	八	七	六丁	五中	柳
四	三巳	二中	一	十	九巳	八未	七	六	五丙	四初	三	二	翼丙	五中	張
八	七辰	六中	五	四	三辰	二未	角	七	六巽	五初	四	三	二巽	一中	軫
房	六卯	五中	四	三	二卯	一未	十	九	八乙	七初	六	五	四乙	三中	氐
二	箕寅	六中	五	四	三寅	二未	一	十	九甲	八初	七	六	五甲	四中	尾
九	八丑	七中	六	五	四丑	三未	二	一	十艮	九初	八	七	六艮	五中	斗

○午宮前丁巳宮前丙辰宮前巽卯宮前乙寅宮前甲丑宮前艮

凡事欲知將來、先看巳往合朔未有徵驗、對望之效、明季無錫顧憲臣父家貧十五六夜、祖塋上偷葬不知立何山向、但看天上月明處、對而葬之、後憲臣中丙子解元、庚辰會魁、兄弟各名進士、今顧葬封丙午、合卯丙戌頂真五代科甲、非日月對望之明效乎、合朔之美、從可知巳、

每一時有八刻、須分上四刻、下四刻、官曆不直說而

詭曰初初刻初一刻初二刻初三刻正初刻正一刻正二刻正三刻何也今查毎一宮三十度如見子初初刻郎知在危十三二一爲一刻見子初一刻郎知在危九八七六爲二刻見子初二刻郎知在危五四三二一爲三刻見子初三刻郎知在虛六五四爲四刻見子正初刻郎知在虛三二一爲五刻見子正一刻郎知在女十三二一爲六刻見子正二刻郎知在女九八七六爲七刻見子正三刻郎知在女五四三

二爲八刻、一刻二刻、上四刻隸壬、七刻八刻、下四刻隸癸、三四五六刻、爲中刻隸子、太陽從寅而西、每一時歷一宮、每宮三十度、兩刻歷七度半、四刻歷十五度、八刻歷三十度、第二時、又過一宮、

太陰亦一時歷一宮、但一時遜太陽一度、一日遜十二度、餘遜至半月、十五日、一百八十度、與太陽度東西相對、而爲望、望後又遜十五日半個月、一百八十度、至第二宮、與太陽全宮全度、而爲合朔、成一個月、

周十二宮次復與前春正月之合朔相仝乃成一歲
知此方能用朔望之度數與時刻也
又用太陰用其光華在天照耀以酉時起丑時止非
但十三至十七五日為美郎初六初七日廿六廿七
日亦美如

○初一初二卯時出海　初三初四初五辰時出海
前月廿八日至初五月光無幾共八日不用
○初六初七巳時出海　酉時到丁未山向

戌時、到坤申山向、　亥時、到庚酉山向、

○初八初九初十午時出海、　酉時、到丙午山向、

戌時、到丁未山向、　亥時、到坤申山向、

子時、到庚酉山向、

○十一十二、未時出海、　酉時、到巽巳山向、

戌時、到丙午山向、　亥時、到丁未山向、

子時、到坤申山向、

○十三十四十五申時出海、　酉時、到乙辰山向、

戌時、到巽巳山向、　亥時、到丙午山向、
子時、到丁未山向、
○十六十七、酉時出海、　酉時、到甲卯山向、
戌時、到乙辰山向、　亥時、到巽巳山向、
子時、到丙午山向、　丑時、到丁未山向、
○十八十九二十、戌時出海、　酉時、到寅艮山向、
戌時、到甲卯山向、　亥時、到乙辰山向、
子時、到巽巳山向、　丑時、到丙午山向、

○廿一廿二、亥時出海、　戌時、到艮寅大光、

亥時、到甲卯大光、　子丑時、到乙辰巽巳大光、

○廿三廿四廿五子時出海、　子丑時、到甲卯乙辰大光、

○廿六廿七丑時出海、　丑寅時、到甲卯大光、乙辰光希、

○廿八廿九卅寅時出海　自廿八至初五共八日無用、　十三至十七、郎用太陰太陽對望之法、其中遇着眞正對望時、莫大之幸、諸如斗首六壬天官、諸家等法、俱無所用、

六壬穿地物色、

以月將加正時、視坐穴、輪得何神決之、造新坟、以坐山所得之神論、附葬祖坟、以羅經置祖坟上、視所立之坟得何神論、以天盤壬子全宮看山、若山得寅神、必雜色土、得卯神有水泉或木根、得辰有伏尸、得巳有窑灶、得午有焦赤土、得未有腐木、得申酉有白色土或礫石、得戌有砂石、得亥無物、得子有鼠穴、得丑有伏尸、 又視加神天將貴人黄膩土、螣蛇窑灶焦赤土、朱雀赤土、六合草木根勾陳堅黃土、青龍有錢財或曲木、白虎有死尸、太常有金石、玄武有水泉或濕土、太陰白色土、天后有鼠穴、天空無物、 又如神將所屬五行合斷之、二土主肥膩黃土、土水有砂泥、土火有磚瓦、土金有石、土木有朽木、二木草木根木火灰炭、木水有蘆苗根、木金有尸骸、二水黑色土或水泉、水火有伏尸、水金有砂泥、火金赤土石或焦炭土、二金有白石或金銅鐵器、 若遇空亡、則無物也、

巖陵張九儀儀度六壬選日要訣勇部

孫男 張允灼 張允燦　曾孫 張我培用栽 張我埴用受 肆業

凡山向作本日天干祿貴固爲斗首會元辰對元辰之美而發傳中又祿貴互相加來更爲美上加美然其力非得太歲月建不爲功故必取年月郎爲祿爲貴貢福乃大但世人俗見多以太歲爲衆煞之尊是止知犯煞之太歲爲惡有力而不知爲祿爲貴之太

歲爲善亦有力也俗人終不悟爰將本山本向之祿貴作月建而以加來何上山上之祿貴作太歲使人陰得太歲之力而無犯忌太歲之嫌巧矣哉此互祿互貴格也合聚祿聚貴格夾祿夾貴格拱祿拱貴格皆儀度六壬選擇美法今拈出者欲人觸目警心會悟而善用之也然四柱中斗首取六相忌六替今據明末巢縣沈氏癸山丁向用四辛卯火山犯四敗六壬四卯加丁向作癸山貴發丁發財舉貢屢世而清

初鄞縣范氏、巽山乾向、用四辛卯、壬山犯四死、而六壬四未加乾何、作乾何、貴丁財大發、而光陽先生、且中戊辰會元、翰林太守、是所重在祿貴、而相替不拘可知也、寃竟二地、龍眞穴的、乃能發福、若虛僞之穴、便四敗四死、在所當忌矣、故取四柱、必合斗首元武二吉神、

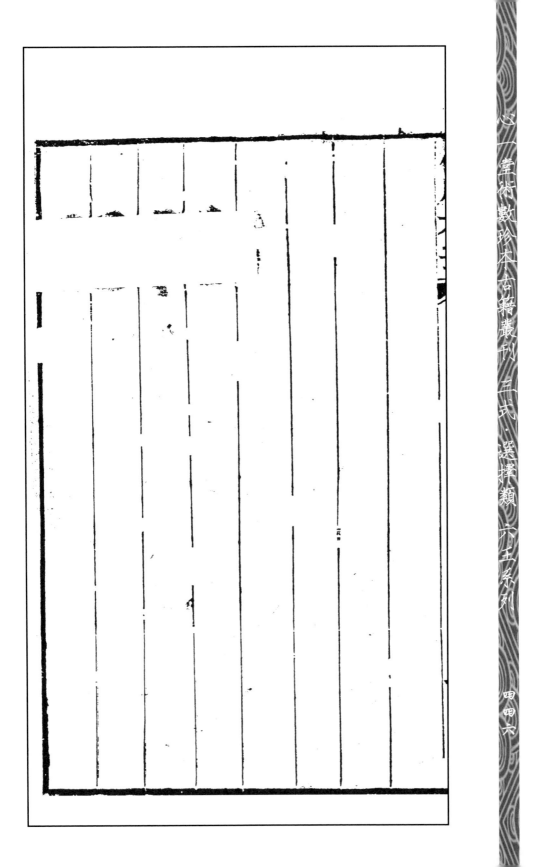

儀度六壬祿馬貴人用引提冲合四法

劉青田選日佐玄直指篇中祿馬貴人用引提冲合四法最巧最妙但篇中止知用九宮吊替法未免飛輪不實余儀度六壬用月將加時法十二宮中漸次挨去取祿馬貴人挨到本山本向方爲貼切且彼止知用日辰之祿馬貴人硬加山向如甲山用六辛日日祿在酉酉加甲山之類不浹洽儀度六壬必取挨在本山本向之祿貴加本山向者又兼用拗個天干

提起使他化機靈動所以親切而有驗運用之方詳註于左借一酉支以例其餘

引者如丙山丙向用酉貴酉在正西方如何到得南方丙上唯大太壬月將加時如用事在二月太陽作亥將則用未申兩時亥將加未便引酉貴到巳上丙兼巳得酉貴亥將加申便引酉貴到午上丙兼午得酉貴若在四月太陽作酉將則竟用酉將加巳時加午時使太陽帶領酉貴到山到向爲力更大此所謂

引也、
提者。如酉貴引到丙山丙向。已而年月日時。天干用丙。固提酉作丙貴。若天干用辛。則又提酉作辛祿。若天干用丁。則又提酉作丁貴。此所謂提也。未也。且要發出三傳。如酉貴在巳。三傳必須酉丑巳。提酉發出初傳。酉貴在午。三傳必須午酉子。提酉發出中傳。天干既提。三傳又提酉貴。化機欲不動也。得乎。靈動如此。逢巳酉丑流年。值巳酉丑年命。欲不發福也

得乎、
冲者。如酉貴到巳、三傳不得酉丑巳、而得亥卯未、則用卯冲酉、酉貴在午、三傳不得午酉子、而得子卯午、則酉用卯冲、此法却要年月日時、得一卯來冲、或二三四卯朋冲、或年酉月卯、或日酉時卯、或月卯日酉、或人命係卯年、兩相冲起方美、此所謂冲也、

人命冲法之妙、德清徐方虎先生諱倬者、現在詞林、告假葬親、太歲己巳、而方虎先生命是癸亥、塊

輿與親友皆以太歲天尅地冲祭主本命爲嫌先生日子孫衆多難于擇日若冲及子姪遂不敢用若我自己命吾不畏也塟畢復命驟陞侍讀人皆驚异不知癸人命貴在巳是太歲爲我命貴人來相冲動所以得天子眷顧故課中祿貴冲動祭主命者大吉塟地是丁山癸向亥命作丁山貴巳歲作癸向貴六壬課中决然巳亥挨在山向所以發之重且速

合者如丙山丙向傳非酉丑巳酉不在巳而得巳丑
酉則丑在巳而巳祿在酉方酉上酉貴在北方丑上
祿貴三合來拱巳方山向又如乙巳二年子午山向
三傳得辰申子左貴申在辰上右貴子在申上雙貴
三合而拱山向子之類此用三合法也又有夾合法
如壬子日亥山巳向為祿會元辰三傳巳戌卯巳貴
在左子卯貴在右戌以夾亥山又如巽山乾向寅作
乾祿巽貴辛丑日辛卯時三傳寅未未日辛丑時辛

卯、夾寅貴于巽山、此又合夾法也、而總以年月日時逼相貫串爲美、其逼相貫串之妙、卽在引提冲合中、此一部六壬用祿馬貴人法、較九宮吊替何如哉、

年月日時冲命得吉者、共八日開後、

癸亥六巳冲之吉、丁巳、丁貴又在亥更吉、

庚寅六申冲之吉、甲申、甲祿又在寅更吉、

丁卯六酉冲之吉、乙酉、乙祿又在卯更吉、癸酉、癸貴又在卯更吉、

辛卯六酉冲之吉、乙酉、癸酉仝上、

丁巳、六亥沖之吉、癸亥、癸貴又在巳更吉、

甲申、六寅沖之吉、庚寅、庚祿又在申更吉、

乙酉、

癸酉、六卯沖之吉、丁卯、貴在酉、辛卯、祿在酉、更吉、

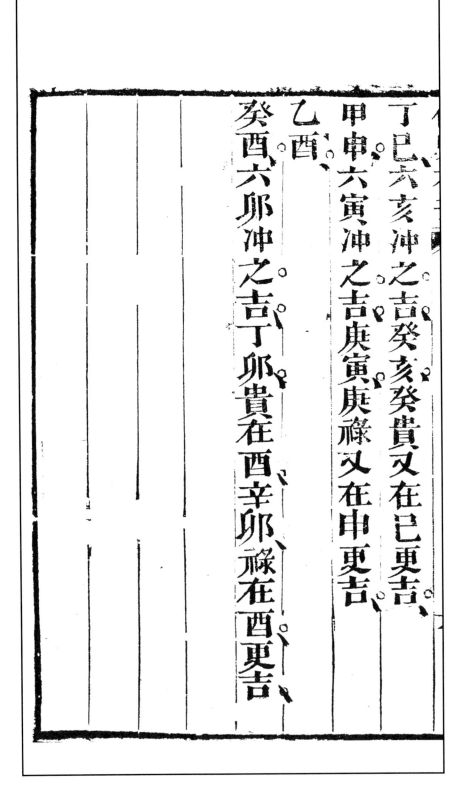

儀度六壬選日要訣天干天元一氣目錄

丁干天元一氣

丁未日卯午午一課　丁酉日申未午一課

丁亥日戌酉申一課　丁巳丁卯丁丑日丑亥酉三課

己干天元一氣

六巳日酉[illegible]三課

庚干天元一氣

六庚日寅申寅六課　庚辰日寅未子一課

庚戌日申丑午一課　庚申日卯丑丑一課

辛干天元一氣

辛巳日午寅戌一課　辛未辛酉辛亥日午辰寅三課

辛巳日寅亥申一課　辛亥日巳寅亥一課

辛酉日丑酉酉一課　辛亥日戌酉申一課

辛巳日卯寅丑一課

壬干天元一氣

壬寅申辰戌日巳寅亥四課　壬子日亥子卯一課

癸干天元一氣

癸酉癸亥癸丑日丑卯巳三課　六癸日酉丑巳六課

癸卯日酉子卯一課

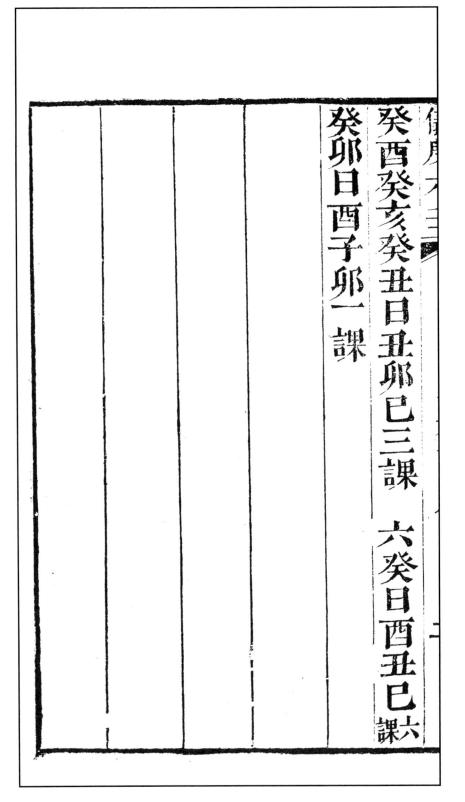

儀度六壬選日要訣四天干祿貴卷

凡祿貴有四個在一山或一向者、四個天干全脩、天元一氣、方爲合格、乃錄之、然有四干脩如戊干、而三傳申戌子、非本干祿貴者、亦不錄。

四甲干

甲子 三傳寅申寅 ○寅山申向

甲戌 ○四甲祿寅、反吟寅申向

○甲子加 甲戌日甲申日甲午○甲辰

○甲戌 日甲辰日甲寅日並全。

辰將 子加午盤

六甲 三傳寅未子 ○寅山申向

甲戌 ○未貴加寅山、作貴來會

祿止此一日。

甲戌 霜降後太陽在卯

卯將 子加未盤

四 乙 干

六甲 三傳申亥寅○巽山乾向
甲戌 ○四寅作巽貴乾祿到向
○甲子 六甲全日。
甲子
卯將 子加酉盤
六乙 三傳未卯亥○癸山丁向
乙酉 ○卯作四乙祿加丁向作
○乙亥 癸山貴。乙卯日乙未日
乙酉 全。
巳將 子加辰盤

六甲 三傳寅午戌○辛山乙向
甲戌 ○四寅祿加辛山作山貴
○甲午 甲戌全日。
甲子
辰將 子加申盤

六丙　三傳丑亥酉○巳山亥向　六丙　三傳亥申巳○坤山艮向

四丙申○亥貴作向酉貴四加有　丙申○亥巳俱艮向丙祿貴。

丙○丙戌力。戊午戊日癸酉亥六○丙寅　丙戌丙申丙辰三日仝。

干丙申　丙日仝。　丙申

午將　子加寅盤　巳將　子加卯盤

六丁　三傳卯午午○丁山癸向　六丁　三傳丑亥酉○丁山癸向

四丁未○八午祿到山山旺極。　丁未○亥作四丁貴加癸向又

丁○丁未　丁亥日三傳戌酉申乙山○丁巳　作丁山貴、

干丁未　亥向四酉貴加辛向祿。　丁未　丁卯丁丑三傳亥酉未仝

午將　子加丑盤　丁酉日申未午仝。　巳將　子加寅盤

六己 三傳酉子卯○辛山乙向

四 己巳 ○午作四巳貴加辛酉山。

己○己卯 作乙向貴到山○己酉日

干 己巳 三傳卯午酉午作四巳祿

一加乙卯向作辛山貴到向

申將 子加酉盤 己丑日三傳午戌辰仝○

庚辰 三傳寅申寅○庚山甲向

四 庚辰 ○庚日祿馬互加

庚○庚辰

干 庚辰

戌將 子加午盤

庚辰 三傳寅未子○庚山申向

庚辰 ○未貴到寅申向。庚戌

○庚辰 日申丑午 庚申日祿丑

庚辰 丑俱丑貴到庚申山。

酉將 子加未盤

六辛　三傳午寅戌○子山午向

六辛　三傳午辰寅○辛山乙向

四　辛卯　○午向作貴對元辰寅貴

辛卯　○四寅貴加乙向作辛山

辛　○辛巳　加上作二貴相會丑年卯

○辛未　貴　辛亥辛酉日仝

干　辛卯　月夾寅午

辛丑

亥將　子加辰盤

亥將　子加寅盤

六辛　三傳寅亥申○巽山乾向

六辛　三傳丑酉酉○辛山乙向

辛丑　○四寅貴到巽巳山作巽

辛丑　○酉祿到辛山　辛亥日

○辛巳　貴乾祿○辛亥日三傳巳

○辛酉　三傳戌酉申仝　辛巳日

辛卯　寅亥仝

辛丑　三傳卯寅丑酉寅貴到甲卯山作甲山祿

子將　子加卯盤

子將　子加丑盤

[illegible]

六壬　三傳巳寅亥　○艮山坤向

壬午　三傳亥子卯　○酉山卯向

四壬干

壬寅　○巳貴加坤向亥祿加艮

壬子　○四壬作卯向貴對元辰

○壬寅　山總作艮山祿貴　壬戌

○壬子

壬寅　日壬辰日壬午日壬申仝巳

壬寅

亥將　子加卯盤

寅將　伏吟

六癸　三傳丑卯巳　○卯山酉向

六癸　三傳酉丑巳　○癸山丁向

四癸干

癸亥　○卯山貴會元辰巳貴加

癸亥　○巳貴到本山　癸丑

○癸亥　來二貴相會　癸丑癸未

●癸亥　癸卯癸巳癸未癸酉日仝

癸丑　癸酉日仝

癸亥

卯將　子加戌盤

卯將　子加申盤

癸年　三傳酉子卯○卯山酉向
癸亥　○坐卯貴向子祿○
○癸卯　午山子向向子祿○卯加子
癸亥　祿上○癸山丁向丙山壬
寅將　子加酉盤　向兼用卯酉○

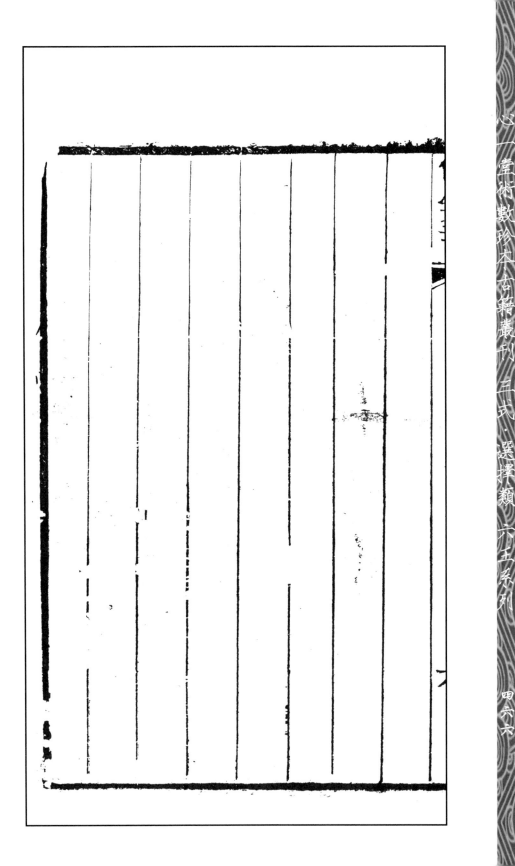

儀度六壬選日要訣卷十　互祿互貴目錄

甲干祿貴
甲戌日　子未寅　寅祿加未貴　共七課

乙干祿貴
乙卯日　辰卯子　卯祿歸卯　止一課
乙酉日　申子辰　子貴加申貴　共二課
乙卯日　酉子卯　祿貴加子貴　共七課

丙干祿貴
六丙日　丑亥酉　酉貴加亥貴　共四課
丙辰戌日　巳亥巳　癸巳祿加亥貴　共五課
六丙日　酉丑巳　酉貴加巳祿　共四課

丁干祿貴
丁丑日　亥酉未　酉貴加亥貴　止二課
六丁日　酉亥丑　亥貴加酉貴　共五課

丁卯日　子酉午　午祿加酉貴　共七課

丁巳未日　酉辰亥　二貴夾卯貴　共四課

丁酉日　亥午丑　午祿加亥貴　止一課

戊干祿貴

戊子日　巳申丑　丑貴加巳貴　共三課

戊辰日　寅未子　未貴加寅馬　止一課

己干祿貴

己卯酉日　子酉午　午卯子　子貴午祿並見共十課　六巳二　子年四　午年四　課

庚干祿貴

庚辰日　午丑申　申祿加丑貴　共五課

庚辰日　午未申　申祿加未貴　共六課

庚戌日　申丑午　丑貴加申祿　共三課

辛干祿貴

辛酉日　寅午戌　午貴加寅貴　共四課

辛酉日　卯午酉　酉祿加午貴　共六課

辛巳日　午寅戌　寅貴加午貴　共五課

壬干祿貴

六壬日　未亥卯　卯貴加亥貴　共三課

壬辰日　巳亥巳　祿貴互加　止一課

壬子日　亥子卯　卯貴得位　止一課

癸干祿貴

癸未日　巳卯丑　卯貴加子祿　止一課

癸亥酉日　丑卯巳　卯貴加巳貴　共四課

癸卯日　酉子卯　卯貴加子祿　止二課

癸酉日　午卯子　子祿加卯貴　共七課

癸酉日　未子巳　巳貴加子祿　止二課

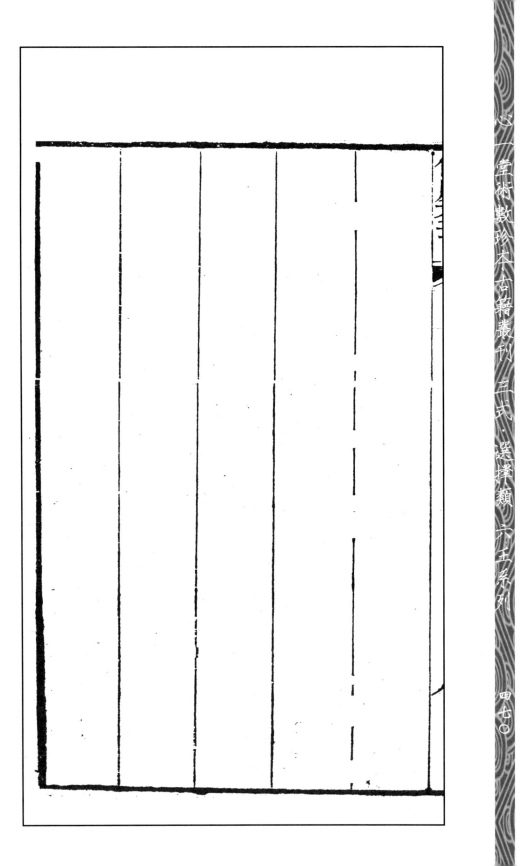

儀度六壬選日要訣天干互祿互貴卷、

凡天干祿元貴元既發出三傳、今又取其互相交加者取祿貴之力交互益重也祿貴之力重則發福益重已故取之

○甲干互祿互貴　甲干祿元在寅、陽貴元在未 陰貴元在丑

甲年

甲寅	三傳子未寅○未山丑向	甲午	三傳子未寅○未山丑向
丙寅	未山作甲年甲日貴會元	甲戌	○未山作三甲貴會元辰
甲戌	辰○寅作年建月建甲年	○甲戌	○寅作三甲祿加未山作
己巳	甲日祿加未貴山作祿來	壬申	祿來會貴○妙在申時
子將	子加巳盤　會貴	卯將	子加巳盤　沖起三甲之寅

戊年

戊寅 三傳子未寅○未山丑向
甲寅 ○未山作戊年甲月甲日
○甲戌 貴會元辰 寅作年建月
己巳 建甲月甲日祿加未山作
子將 子加巳盤 祿來會貴
戊午 三傳子未寅○丑山未向
庚申 ○未向作甲戊庚三奇貴
甲戌 對元辰○寅作甲日祿加
乙亥 未作祿來會貴○妙得三奇
午將 子加巳盤

戊寅 三傳子未寅○未山丑向
己未 ○未山作戊年甲日甲時
○甲戌 貴會元辰○寅作年建甲
甲子 日甲時祿加未作祿來會
未將 子加巳盤 貴

庚年

庚寅　三傳子未寅。丑山未向

癸未　。未向作庚年甲日月建

。甲戌　貴對元辰。寅作年建甲

乙亥　日祿加未上作祿會貴向

午將　子加巳盤

壬年

壬寅　三傳子未寅。未山丑向

丁未　。未山作月建甲日甲時

。甲戌　貴會元辰。寅作年建甲

甲子　日申時祿加未作祿會貴

未將　子加巳盤　山

儀度六壬 [illegible] 男部上　甲下　丑祿丑貴

○乙干互祿互貴　乙干祿元在卯

陽貴元在申
陰貴元在子

乙年

乙卯　三傳酉子卯○午山子向

癸未　○子向作乙年乙日巳時

○乙卯　貴作癸月祿作祿貴對元

巳卯　辰○卯作時建作○乙年乙

日祿癸月貴加子○作

祿貴來會

祿貴干同

午將　子加酉盤

乙卯　三傳酉子卯○午山子向

乙酉　○子向作三乙貴對元辰

乙卯　○卯作三乙祿加子向作

戊寅　祿來會貴　此課妙在天

巳將　子加酉盤　干三乙爲朋

乙卯　三傳酉子卯。午山子向
戊子　。子向。作月建。乙年乙日
。乙卯　貴。對。元辰。卯作乙年乙
丁亥　日祿加子貴向作祿來會
寅將　子加酉盤　貴

丙子　三傳申子辰。坤山艮向
丙
丙申　。坤納乙。乙貴　申子。
年
。乙酉　會坤山作二貴會窠　且
戊寅　子作坎坤之先天來加坤艮作先天入後天
午將　子加申盤

㊁年 三傳酉子卯○子山午向

己 丙子 ○子山作月建巳年乙日

年○乙卯 貴會元辰○卯作乙日祿

丙戌 加子山作祿來會貴

丑將 子加酉盤

庚庚 三傳辰卯子○酉山卯向

庚 庚辰 ○卯向作乙日乙時祿對

年○乙卯 元辰○年寅月辰夾卯祿

乙酉 兩干不雜双飛胡蝶

酉將 子加子盤 伏吟

癸年

癸年　三傳酉子卯○午山子向　　癸年　三傳酉子卯○午山子向
乙卯　○子向作二乙貴二癸祿　　癸亥　○子向作二癸祿乙日貴
○乙卯　對元辰○卯作二乙祿二　　○乙卯　對元辰○卯作年月二癸
癸未　癸貴加子向作二乙祿會子貴二癸貴會子祿大美　　丁亥　貴乙日祿加子向作祿貴
戌將　子加酉盤　之課此課妙在二乙二癸　　寅將　子加酉盤　兩相會向
癸丑　三傳申子辰○坤山艮向　　癸年　三傳酉子卯○午山子向
癸亥　○申作乙貴子作乙祿乙　　甲子　○子向作月建作癸祿乙
○乙酉　貴會冠干坤申而坤納乙　　乙卯　貴對元辰卯作癸年貴乙
丙戌　納癸並入坤宮難遇○此課第一以子變申貴必得　　丁亥　日祿加來作祿貴會祿貴
寅將　子加申盤　癸丑年癸亥月夾子也　　寅將　子加酉盤

○丙干互祿互祿互貴、丙干祿元在巳 陽貴元在酉 陰貴元在亥

乙酉 三傳酉丑巳 ○巳山亥向

乙 辛巳 ○壬山丙向○酉貴加巳

年○六丙 祿一山一向○年月支填

癸巳 太陽到山向美

酉將 子加申盤

丙年

丙戌 三傳丑亥酉。壬山丙向
丙申 。巳山亥向。酉貴會亥。
丙戌 貴。 戊年戊日申月申時。
丙申 夾酉貴又夾亥貴
午將 子加寅盤
丙午 三傳巳亥巳。壬山丙向
丙申 。巳山亥向。祿貴互加。
。丙辰 巳祿作太陽到山美。
巳亥 反吟干提巳祿亥貴
巳將 子加午盤
[illegible]部上 丙干互祿互貴

丙申 三傳丑亥酉。巳山亥向
丙申 。壬山丙向
。六丙
丙申
午將 子加寅盤
丙午 三傳酉丑巳。壬山丙向
丙申 。巳山亥向。巳 三丙
六丙 祿。 酉作三丙貴加上。
巳丑 一在山。一在向
巳將 子加申盤

丁年

丁酉　三傳酉丑巳　○壬山丙向

乙巳　○巳山亥向　○酉貴從太

○六丙　陽加巳祿

癸巳

酉將　子加申盤

戊年

戊年　三傳巳亥巳　○壬山丙向

丙辰　○巳山亥向　○巳作丙日

○丙辰　戊年祿加在壬山亥作二

辛卯　丙貴加在丙向祿貴交互

酉將　子加午盤　大得力

己年

己巳　三傳巳亥巳　○壬山丙向
乙亥　○巳山亥向　○祿貴互加
○丙辰
丙申
寅將　反吟
己酉　三傳丑亥酉　○巳山亥向
乙亥　○壬山丙向　○酉貴會亥
○六丙　貴于壬山亥向○
癸巳
卯將　子加寅盤

己酉　三傳酉丑巳　○壬山丙向
己巳　○巳山亥向　○酉貴作太
○六丙　陽加巳祿
癸巳
酉將　子加申盤
己亥　三傳巳亥巳　○巳山亥向
己巳　○壬山丙向
○丙辰　巳作丙祿加亥　亥作丙
辛卯　貴加巳　年月支
酉將　反吟

辛年

辛巳　三傳巳亥巳　○壬山丙向
辛酉　三傳丑亥酉　○壬山丙向

巳亥　○巳山亥向　○巳祿亥貴
巳亥　○巳山亥向

○丙戌　互加
○六丙　太陽巳時能冲壬山亥向

丙申
癸巳　得力

寅將　反吟
卯將　子加寅盤

○丁干互祿互貴　丁干祿元在午
陽貴元在亥
陰貴元在酉

甲年

甲午　三傳亥午丑　○亥山巳向
乙亥　○亥山作丁日貴會元辰
○丁酉　○午作丁日祿會亥貴于
戊申　山亥作月建午作年建力
卯將　子加巳盤　○重

乙年

乙亥　三傳酉亥丑　○酉山卯向
乙酉　○亥貴加酉貴山
○六丁
壬寅
辰將　子加戌盤

乙亥　三傳酉辰亥　○酉山卯向
乙酉　○酉山作丁酉貴會元辰
○丁巳　○酉亥二貴亥卯向卯乃
庚戌　年月二乙祿不空夾
巳將　子加巳盤

丙年

丙午　三傳酉亥丑　卯山酉向
丙申　○　亥貴加酉貴向對元辰
○六丁
癸卯
巳將　子加戌盤
丙午　三傳酉○亥○卯山酉向
丙申　○　酉向作　子貴辛祿對
○丁未　元辰　祿貴酉亥夾卯山
辛亥　丁巳日全
午將　子加巳盤

丙午　三傳子酉午○酉山卯向
丁酉　○乙山辛向○酉山酉作
○丁卯　丙丁貴會元辰○午作加
丁未　歲三丁祿加酉貴山○乙
山　酉作辛向祿午作辛
向貴　妙在
三丁一丙
辰將　子加卯盤

丁年

- 丁亥 三傳酉亥丑。酉山卯向
- 巳酉 。酉山貴會元辰 亥貴
- 。六丁 來會 六貴太多來聚
- 壬寅 無主造塟喜發貴
- 辰將 子加戌盤
- 巳酉 三傳亥酉未。丙山壬向
- 乙亥 。亥山巳向。酉貴加亥
- 。丁丑 貴一在山一在向
- 乙巳
- 卯將 子加寅盤

己年

- 丁亥 三傳酉辰亥。酉山卯向
- 巳酉
- 。丁巳
- 庚戌
- 巳將 子加巳盤
- 己酉 三傳子酉午。午山子向
- 庚午 。午山作子巳祿會元辰
- 。丁卯 。酉作子日貴加子向焰
- 庚戌 元辰
- 未將 子加卯盤

庚年

庚午 三傳子酉午 酉乙山
乙酉 酉山作丁貴午作六歲
丁卯 丁祿加酉山 乙山酉作
丁未 辛向祿午作辛向貴加酉
辰將 子加卯盤

辛年

辛亥 三傳酉亥丑 酉山卯向
丁酉 亥貴加酉貴山
六丁 此課妙在辛年酉祿在月
壬寅 丁月亥貴在年
辰將 子加戌盤

辛年 三傳子酉午 卯山酉向
辛卯 酉向作丁貴辛祿對元
丁卯 辰 午作丁祿辛貴加酉
辛丑 上 妙在三辛一丁
戌將 子加卯盤

辛年　三傳子酉午○卯山酉向
辛丑○酉向作丁日貴○二辛祿○
○丁卯○對元辰○午作丁日祿○二○○○○
癸卯　辛貴加之　太陽到山
子將　子加卯盤

壬年
壬午　三傳子酉午　酉乙山○
己酉　酉山作丁貴○午作太歲
○丁卯　丁祿加酉山
丁未
辰將　子加卯盤

卯上　丁干丑祿丑貴

癸年

癸酉 三傳亥酉未 ○丙山壬向　癸亥 三傳酉亥丑 ○卯山酉向

癸亥 ○亥山巳向　辛酉 ○亥貴加酉貴

○丁丑 支墳亥酉二貴　○六丁

乙巳　癸卯

卯將 子加寅盤　巳將 子加戌盤

癸酉 三傳子酉午 ○午山子向　癸亥 三傳酉辰亥 ○酉山卯向

癸壬祿貴

戊午 午山作丁祿 子向作　辛酉 ○酉山作丁日貴會元辰

丁卯 癸祿 酉作丁貴加子向 ○丁巳 ○卯向作癸歲貴

庚戌　庚戌

未將 子加卯盤　巳將 子加巳盤

○戊干互祿互貴　戊干祿在巳　陽貴在丑　陰貴在未

丁年

丁丑　三傳巳申丑　亥山巳向

乙巳　巳作戊祿癸貴對元辰

戊子　丑作太歲戊貴加巳上

癸丑　丑貴會巳祿向

酉將　子加辰盤

戊年
戊寅　三傳巳申丑　○亥山巳向
戊午　○巳向作戊祿○癸貴對元
○戊子　辰○丑作戊貴加巳祿
癸亥　向上巳祿丑貴妙在三戊干提之太陽帶未貴又到
未將　子加辰盤　山

辛年
辛未　三傳寅未子　○甲山庚向
庚寅　○寅作月建作[illegible]用
○戊辰　山祿○未作太[illegible]日
戊午　甲山貴加寅甲[illegible]騎
亥將　子加未盤

○巳干五祿五貴　巳干祿元年

陽貴元在子
陰貴元在申

甲年

甲子　三傳子酉午○辛山乙向

甲午　三傳子酉午○辛山乙向

庚午　○子作巳貴作太歲加乙

丙子　○午作巳祿加辛山作辛

○巳酉卯　向作乙貴○午作巳祿作

○巳酉卯　貴○子作巳酉加乙向作

甲戌　月建加辛山作辛貴

乙巳　乙貴○好在日時二巳拱

未將　子加卯盤　巳酉日午卯　子全○

寅將　子加卯盤　子午

丙年

丙子 三傳子酉午○辛山乙向

甲午 ○巳卯子酉午巳酉午卯

○巳 酉卯 子共十六課○在辛乙山向○

甲戌 最精美者也○ 後四課○巳

未將 子加卯盤 巳時得二 巳午更美

戊午 三傳子酉午 辛山乙向

丙午 三傳子酉午○辛山乙向○

庚子 ○午作巳祿作年建加辛○

○巳 酉卯 作辛山貴○子作巳貴權

己巳 日建加乙作乙向貴○

寅將 子加卯盤

戊年

甲子

○巳 酉卯

巳 巳

寅將 子加卯盤

巳年

己亥 三傳子酉午○辛山乙向

己巳

○己 酉卯

甲子

酉將 子加卯盤

癸巳 三傳子酉午○辛山乙向

丙子

○己 酉卯

己巳

寅將 子加卯盤

庚年

庚子 三傳子酉午○辛山乙向

壬午 ○子作巳貴加乙向 午

○巳 酉卯 作巳祿加辛山 年月墳

申戌 貫

未將 子加卯盤

年壬

壬子 三傳子酉午 ○辛山乙向

丙午 ○子作巳貴加乙向作乙○

○巳酉卯 貴○ 午作巳祿加辛山作○

乙亥 辛○貴○

申將 子加卯盤

壬午 三傳子酉午 ○乙山辛向

壬子 ○子作巳貴加乙作乙山

○巳酉卯 貴○ 午作巳祿加辛作辛

巳巳 向貴○ 此課俱借重會六合

寅將 子加卯盤 課皆歲月支填 午子祿貴力重

○庚子五祿五貴 庚午祿元在申 陽貴元在丑 陰貴元在未

甲年

甲申 三傳午丑申○丑山未向
戊辰 ○申祿加丑貴山
○庚辰
戊寅
酉將 子加巳盤

甲申 三傳午未申○丑山未向
庚午 ○未向作甲庚貴時建對
○庚辰 元辰 申作庚祿年建加
癸未 上之
申將 子加亥盤

甲申 三傳午未申○丑山未向
戊辰 ○未向作甲戊庚貴對元
○庚辰 辰○申作庚祿乙貴歲建
乙酉 加未 妙在甲戊庚三奇
戌將 子加亥盤

戊年

戊申　三傳午未申　○丑山未向

戊午　○未向作戊庚貴時建對

○庚辰　元辰○申作庚祿年建加

癸未　未上　戊申戊午夾未貴

申將　子加亥盤　太陽到向

戊申　三傳午未申　○丑山未向

己未　○未向作戊庚貴對元辰

○庚辰　甲作庚祿巳貴加之

壬午　支墳未貴申祿

戌將　子加亥盤

戊申　三傳午丑申　○丑山未向

戊午　○申祿加丑貴山

○庚辰

丁丑

申將　子加巳盤

戊申　三傳午丑申　○丑山未向

乙丑　○丑作月建庚日貴會元

○庚辰　辰○申作歲建乙月貴庚

壬午　日祿加丑山　申祿加丑

丑將　子加巳盤　貴支墳

已丑　三傳酉丑午。庚山甲向

已　壬申　。亥作庚貴加申祿作庚

午。庚戌　山貴癸會祿

丙子

巳將　子加未盤

庚午　三傳午丑申。丑山未向

庚辰　妙在三庚丑得三貴申

。庚辰　得三祿

戊寅

酉將　子加巳盤

庚午　三傳午未申。丑山未向

庚辰　。未向作三庚貴對元辰

。庚辰　。申作庚祿乙貴加未上

乙酉　妙在三庚

戌將　子加亥盤

庚午　三傳申丑午○庚山甲向
庚辰　○丑貴加申祿會見元辰
庚戌　得力在三庚
丙子
巳將　子加未盤
庚申　三傳午丑申○丑山未向
己丑　○丑山作庚日庚年貴會
○庚辰　元辰　申作二庚祿加元
壬午　辰　妙在年月互貴
巳將　子加巳盤

庚申　三傳午未申　丑山未向
癸未　○未向作庚年庚日貴對
○庚辰　元辰　申作二庚祿加未
壬午　向
未將　子加亥盤

癸年

癸丑 三傳申丑午 ○庚山甲向
庚申 ○丑貴加申祿會元辰
○庚戌
丙子
巳將 子加未盤

○辛干互祿互貴 辛祿元在酉 陽貴元在寅 陰貴元在午

甲年

甲寅 三傳寅午戌〇子山午向
庚午 〇午向作辛日貴對亢辰
〇辛酉 〇寅午二貴三方拱向
辛卯 取六甲歲祿到寅向不必用寅年然甲破庚含貴甲山忌若辛山則寅午大利
未將 子加申盤

甲午 三傳午寅戌〇子山午向
辛未 〇辛山乙向〇戊戌時午
〇辛巳 作太陽帶貴到山
戊戌 己亥巳祿干午
午將 子加辰盤

甲寅 三傳午寅戌〇子山午向
庚午 〇午向作辛貴對亢辰
〇辛巳 寅貴在上〇辛山單用午
戊子 貴寅在午生之亦大有力
申將 子加辰盤

丙年

丙寅　三傳寅午戌○子山午向

甲午　○辛山乙向○寅作太歲

○辛酉　作甲祿辛貴加辛山作山

辛卯　貴到山

未將　子加申盤

丙[illegible]　三傳午寅戌○子山午向

甲午　○午貴向寅貴又加上

○辛巳

戊子

申將　子加辰盤

戊年

戊午　三傳卯申酉○子山午向

辛酉　午貴向酉祿加上作祿

○辛酉　來會貴

庚寅

巳將　子加酉盤

己年

六巳 三傳卯午酉 ○子山午向
庚午 ○午向作辛貴巳祿月建
○辛酉 酉作辛祿加上
癸巳 此三傳辛山乙向更好
申將 子加酉盤

庚年

庚午 三傳寅午戌 ○申山寅向
戊寅 ○寅向作辛貴對元辰
○辛酉 午貴加亥會之 太陽到
丙申 山○亥塡午貴加寅貴向
子將 子加申盤

庚午 三傳卯午酉 ○酉山卯向
乙酉 ○酉山作辛祿會元辰
○辛酉 午貴加卯向作午貴照元
庚寅 辰
巳將 子加酉盤

辛年

辛年 三傳寅午戌○申山寅向

辛丑 ○此課力大在三辛申時○

○辛酉 太陽到山 又能冲寅冲

丙申 午

子將 子加申盤

六辛 三傳卯午酉 卯山酉向

辛卯 ○坐干貴○向酉祿三辛

○辛酉 力大○子山午向○午向

丙申 貴對元辰酉祿加上 壬山丙向○酉作丙向貴○

亥將 子加酉盤 卯作壬山貴 日月支墳○

六辛 三傳卯午酉○子山午向

甲午 ○午向子貴 酉祿加上

○辛酉

癸巳

申將 子加酉盤

六辛 三傳卯午酉○辛卯山○

辛丑 子山午向○壬山丙向○

○辛酉 用丑將戌戌時○ 向午貴○

戊戌 酉祿加來○

丑將 子加酉盤

用卯上 辛干丑祿丑貴

辛丑　三傳午寅戌〇子山午向
辛卯　〇午向作四辛貴對元辰
〇寅作四辛貴加上若在
辛巳　辛丑年與辛卯月夾寅加
辛卯　午又夾午貴大妙好在四
亥將　子加辰盤　個字力大

辛卯　三傳午寅戌〇子山午向
辛丑　〇力大在三辛　辛丑月
〇辛巳　在辛卯年夾寅又夾午大
癸巳　美
丑將　子加辰盤

〇壬干互祿互貴　壬干祿元在亥　陽陰貴元在卯巳

己年	
己卯 三傳未亥卯○丙山壬向	己巳 三傳巳亥巳○丙山壬向
乙亥 ○亥山巳向	乙亥 ○亥山巳向○巳作丙貴
○壬午 坐亥祿山卯貴加來	○壬辰 亥作壬貴 交互相加
庚戌 支墳卯貴加亥祿	戊申 支墳巳貴亥祿
寅將 子加申盤	寅將 子加午盤 反吟

壬年	
壬午 三傳亥子卯○酉山卯向	壬午 三傳未亥卯○丙山壬向
壬子 ○卯山酉向○四壬作卯	壬寅 ○亥山巳向○卯貴來會
○壬子 向貴對元辰 四壬作卯	○壬日 亥祿 一在山 一在向
壬寅 山貴會元辰	丁未 妙在三壬 干提卯貴
寅將 伏吟	亥將 子加申盤 加亥祿

癸年

癸卯　三傳未亥卯　○丙山壬向

癸亥　○亥山巳向　○亥作壬祿

○壬寅　卯作壬貴　卯加亥作

庚戌　貴來會祿　支塡卯貴

寅將　子加申盤　加亥祿

○癸干互祿互貴　癸干祿元在子　陽貴元在巳　陰貴元在卯

甲年

甲子 三傳午卯子〇卯山酉向
丁卯 〇卯山作貴會元辰
〇癸酉 子祿加來會貴
癸丑
戊將 子加卯盤

乙年

六乙 三傳酉子卯〇午山子向
戊子 〇子向作祿對元辰卯貴
〇癸卯 加子作貴來會祿向〇癸
癸亥 〇巳向 作子祿會元辰 卯貴來會祿山
寅將 子加酉盤

丙年　丁年

丙子　三傳午卯子　○卯山酉向
辛卯　○坐卯貴山子祿加上
○癸酉
癸丑
戊將　子加卯盤
丁巳　三傳丑卯巳　○卯山酉向
癸卯　○坐卯貴山巳貴加上
○癸酉
辛酉
亥將　子加戌盤

丁卯　三傳巳卯丑　○亥山巳向
乙巳　○壬山丙向　○巳作癸貴
丙山會元辰　卯作癸貴
○癸未　加巳祿　二貴會丙山巳
癸亥　向　日時二貴年月拱其
貴得休　未
酉將　子加寅盤　酉亥三[illegible]

戊年

戊子　三傳午卯子○卯山酉向

乙卯　○坐卯貴山子祿加上○

○癸酉　午山子向○午山　卯加

癸丑　午坐卯貴向子祿

戊將　子加卯盤

己年

己卯　三傳午卯子○辛山乙向

丙子　○子加卯上作癸日祿來

○癸酉　會貴在乙向貴來會祿妙

丙辰　極

丑將　子加卯盤

己巳　三傳未子巳○子山午向

丙子　○子山作癸祿會元辰作

○癸酉　月建　巳貴作太歲加子

辛酉　祿力大

寅將　子加未盤

勇部上　癸干五祿五貴

辛年

辛巳　三傳丑卯巳○卯山酉向
辛卯　○卯山作癸貴會元辰
○癸亥　巳貴加來二貴相會年月
支墳　妙在癸干二貴疊
辛酉　在山年月既塡實而天干
亥將　子加戌盤　三辛又祿在酉
向太陽又到向
辛巳　三傳未子巳○子山午向
庚子　○子山祿會元辰　巳作
○癸酉　癸貴太歲加上
辛酉
寅將　子加未盤

辛卯　三傳午卯子○子山午向
庚子　○卯山酉向○坐卯貴山
○癸酉　子祿加來
丙辰
丑將　子加卯盤

壬年

壬子　三傳午卯子　○卯山酉向

癸卯　○三癸一壬皆貴卯山

○癸酉

癸丑

戌將　子加卯盤

癸年

癸巳　三傳丑卯巳　○卯山酉向

乙卯　坐卯貴山巳貴加上

○癸亥

辛酉

亥將　子加戌盤

癸年　三傳丑卯巳　○卯山酉向

癸亥　○　卯二貴作四癸之貴

癸酉　力大　又合聚貴格

癸丑

卯將　子加戌盤

癸干二貴

癸年　三傳酉子卯　○卯山酉向

癸亥　○午山子向　卯山坐卯

○癸卯　貴向子祿　午山向子祿

癸亥　卯貴加子祿上　癸山丁
同　子卯兼用　丙山壬

寅將　子加酉盤同向　用卯酉
第一子向妙

癸年　三傳午卯子　○卯山酉向

癸亥　○午山子向　卯山作貴

○癸酉　會元辰　子祿作卯貴

戊午　子向作祿對元辰　卯貴

卯將　子加卯盤　加午山

儀度六壬選日要訣夾拱祿貴目錄

寅支作祿貴

二辛夾寅貴　辛卯年四課　辛丑年六課　丙寅年一課

甲干拱寅祿　甲午年五課　甲寅年六課

卯支作祿貴

二壬夾卯貴　壬辰年三課　丁卯年一課

乙拱卯祿　乙年三課

癸拱卯貴　癸年四課

巳支作祿貴

戊夾巳祿　丙辛一課　戊辰二課

癸拱巳貴　癸巳四課
午支作祿貴
己夾午祿　己未三課　甲午一課　甲寅一課
丁夾午祿　丁巳一課
未支作祿貴
戊夾未貴　戊申二課　己未一課　癸未二課
申支作祿貴
乙夾申貴　乙未二課　庚申一課
庚拱申祿　庚申三課
酉支作祿

丙夾酉貴　丙戌四課　辛酉二課

辛拱酉祿　辛巳四課　辛酉二課

亥支作祿貴

壬夾亥祿　丁亥二課　壬戌二課

丁拱亥貴　丁卯二課　丁亥三課

子支作祿貴

癸夾子祿　癸丑二課　戊子一課

乙夾子貴　癸酉一課

子會丑貴　乙亥一課　己丑一課　乙年二課

丑支作貴

甲夾丑貴　癸年十一月一課　巽山

乙年十一月一課　甲山

戊夾丑貴　此六庚年正月一課　甲山

六庚年十二月一課　丑山

儀度六壬選日要訣拱夾祿貴卷

凡祿馬貴人最喜左右夾之、到山到向又喜三合拱之、到山到向、其中有年月夾者有日時夾者、有月日夾者搃取塡實、到山到向方爲有力、三合亦然、若得伏吟反吟尤爲親切、

夾寅貴

辛卯　三傳戌午寅　○子山午向辛丑　○夾辛貴寅加午貴向。
○丙寅　午作辛年辛月貴對元辰　○癸巳　○寅作辛貴加午向卯年丑將　子加辰盤　丑月夾之力大辛卯　三傳申亥寅　○巽山乾向辛丑　○年月夾寅貴子乾向作丙申　乾向祿巽山貴　申日到戊戌　山冲之
丑將　子加酉盤

辛卯　三傳卯寅丑○甲山庚向
辛丑　○寅作甲山祿加卯到山
○丙申　年月夾之
庚寅
丑將　子加丑盤
辛丑　三傳戌午寅○子山午向
辛卯　○午向作辛貴寅作辛祿
○丙寅　加午貴向丑年卯月夾之
庚寅
戌將　子加辰盤

辛卯　三傳巳申寅○申山寅向
辛丑　○寅作辛干貴卯年丑月
○丙寅　夾之伏在本位申山作貴
戊子　對元辰乃爲眞貴
子將　伏吟
辛丑　三傳申亥寅○巽山乾向
辛卯　○年丑月卯夾寅于乾寅
○丙寅　作乾向祿巽山貴又申時
丙申　冲寅妙
亥將　子加酉盤

辛丑　三傳卯寅丑○甲山庚向
辛卯
○丙申
戊子
亥將　子加丑盤
辛丑　三傳巳申寅○申山寅向
辛卯
○丙寅
戊戌
戌將　伏吟　丙申日全

辛丑　三傳巳寅亥○巽山乾向
辛卯　○年月亥寅貴于巽山寅
○丙申　時填之申日冲之
庚寅　子將辛卯時○巽山
亥將　子加卯盤　得三辛更美○
辛丑　三傳寅申寅○申山寅向
辛卯　○丑年卯月亥寅貴　申
○丙申　山又向寅貴
癸巳
亥將　反吟　丙寅日全

拱寅祿

丙寅 三傳寅未未 ○巽山乾向
辛卯 ○卯月丑日來寅貴子巽
○辛丑 山年建時建實之
庚寅
亥將 子加卯盤
甲午 三傳申亥寅 ○巽山乾向
甲戌 ○年十月戌拱甲祿寅子
○甲寅 乾向作乾祿巽貴
乙丑
辰將 子加酉盤

甲午 三傳午辰寅 ○辛山乙向
甲戌 ○午年戌月拱寅子乙向
○甲申 作辛山貴到向
己巳
卯將 子加寅盤

甲午　三傳巳寅亥○巽山乾向
甲戌　○寅作三甲祿一辛貴卒
○甲申　年戌月拱之　巽山作巽
辛未　貴乾祿到山
辰將　子加卯盤
甲午　三傳寅申寅○寅山申向
甲戌　○寅山作三甲祿會元辰
甲申　反在向○申向作午戌馬
癸酉　對元辰反在山
卯將　反吟

甲辰　三傳寅巳申○寅山申向
甲戌　○寅山作三甲祿會元辰
○甲寅　○申向作三寅馬對元辰
丁卯
卯將　伏吟
甲寅　三傳寅子戌○辛山乙向
甲戌　○寅在乙辰
○甲午
乙巳
卯將　子加寅盤

甲寅 三傳申巳寅〇巽山乾向
甲戌 〇寅在巽巳
〇甲午
辛未
辰將 子加卯盤
甲寅 三傳申亥寅〇巽山乾向
甲戌
甲午
乙丑
辰將 子加酉盤

甲寅 三傳寅午戌〇辛山乙向
甲戌 〇寅作三申祿月戌日午
〇甲午 拱之在戌作辛山貫到山
乙亥
卯將 子加申盤
甲寅 三傳寅巳申〇寅山申向
甲戌 〇戌月午日拱寅祿于寅
〇甲午 山〇
丁卯
卯將 伏吟

甲寅　三傳寅申寅　子寅山申向
甲戌
○甲午
癸酉
卯將　反吟

夾卯貴

壬辰　三傳未卯亥○丁山癸向
壬寅　○壬寅在卯壬辰壬寅夾
○丁卯　之加丁山作癸向貴人到○
癸卯　山　卯又作時建有力
亥將　子加辰盤

壬辰　三傳巳卯乙山辛向
壬寅　○卯作二壬貴辰在寅月
丁卯　夾在辛向以作乙山祿到
丙午　向
亥將　子加未盤

儀度六壬　勇部上　拱夾卯支祿貴　三五

壬辰 三傳卯子午。酉山卯向

壬寅 。卯向作二壬貴劉元辰

。丁卯 劉向二壬年月夾之主大

辛亥 貴

子亥二將 庚子伏吟

乙卯 三傳午丑申。申山寅向

乙酉 。申山作四乙貴人發出 第三傳卯作四乙祿元臨

乙卯 加申貴王妙極。 到申卯

乙酉 祿作貴日得力大。酉又在

辰將 子加巳盤 向冲起。

丁卯 三傳未亥卯。亥山巳向

壬寅 。妙在亥山作三壬祿二 丁貴會元辰。卯作二壬

。壬辰 貴金月辰日夾之到亥山 大利卯作貴人登天門。

丁未 二丁二壬夾飛蝴蝶。

亥將 子加申盤

乙卯 三傳未卯亥。癸山丁向

乙酉 。四乙祿在卯集于丁向

乙卯 以作癸山貴到向 妙在

乙酉 二酉冲二卯發福速。

巳將 子加辰盤

乙亥　三傳戌卯午○乙山辛向

乙酉　○三乙祿在卯亥奇未日

○乙未　拱之于乙山以作乙山祿

壬午　到山妙在酉作月提以沖

巳將　子加丑盤　卯祿夾臨 卯祿甚速

癸卯　三傳巳卯丑○亥山巳向

癸亥　○巳向作癸貴對元辰○

○癸未　卯作三癸貴加巳貴而亥

丁未　月未日拱卯貴大有力

卯將　丁加寅盤　卯又作大暘卯將

癸未　三傳丑戌未○卯山酉向

癸亥　○卯山作三癸貴一乙祿

○癸卯　會元辰

乙卯

伏吟

　拱夾卯支祿貴

亥巳祿

癸未　三傳卯酉卯○卯山酉向
癸亥　○卯作三癸貴會元辰反
○癸卯　在向○
辛酉
卯將　反吟
丙辛　三傳亥寅巳○坤山艮向
癸巳
○戊辰
戊午
酉將　子加酉盤

癸未　三傳酉子卯○午山子
癸亥　○子向作四癸祿會元辰
○癸卯　○卯作四癸貴加子祿向作貴人會祿○此課單取
癸亥　四癸得卯貴子祿在向○丙山壬向兼子午○得酉卯○
寅將　子加酉盤　二貴○
戊辰　三傳巳亥巳○亥山巳向
戊午　○丙山壬向○戊祿于巳○
○癸巳　辰年午月來之在本位
癸丑　丙山壬向更美
未申二將　返吟

戊辰　三傳酉丑巳　癸山丁向
戊午　○戊祿于巳辰年午月夾
○癸巳　之在癸山作癸山貴到山
乙卯　巳又作癸日貴
未將　子加申盤
癸巳　三傳巳申寅　亥山巳向
戊午　○丙山壬向○戊祿于巳
○戊辰　午月辰日夾之祿歸祿垣
庚申　丙山亢美
申將　伏吟

癸巳　三傳亥寅巳　申山艮向
戊午　○巳作戊祿午月辰日夾
○戊辰　之于艮以作艮向祿到向
丁巳
申將　子加酉盤
癸巳　三傳巳亥巳　亥山巳向
戊午　○丙山壬向○巳作戊祿
○戊辰　午月辰日夾之反吟反在
甲寅　向
申將　返吟

拱巳祿

癸巳　三傳丑卯巳○卯山酉向

癸亥　○卯作四癸貴會元辰

巳作四癸貴加卯貴山作

癸酉　太歲酉日丑時三合拱之

亥月冲之力大矣哉

癸丑　癸山丁向四卯貴到山

卯將　子加戊盤

夾午貴

巳未　三傳戌午寅○辛山乙向

巳巳　○午作巳祿令巳未年巳

○甲午　巳日夾甲午日于辛山作○

甲子　辛山貴到山

申將　子加辰盤

己未　三傳寅午戌○寅山申向

己巳　○午作巳祿未年巳月夾

甲午　甲午午寅山　寅作甲祿月

戊辰　甲作年月祿兩祿相會大

申將　子加申盤　妙

己未　三傳辰午申○辛山乙向　甲午　三傳卯午午○丁山癸向
己巳　○午作巳祿巳未年巳巳　己巳　○午作巳祿作太歲巳月
甲午　月夾甲午日于乙向作辛○己未　未日夾之加丁山作丁山
庚午　山貴到向　妙在二午　癸酉　祿到山
甲將　子加戌盤　甲將　子加丑盤
甲寅　三傳卯午午○丁山癸向　丁巳　三傳戌午寅○乙山辛向
甲戌　○午作巳祿巳未日巳巳　丁未　○午作丁祿今丁巳年丁
○己未　時夾之加丁山作丁山祿○壬午　未月夾壬午日于辛向作
己巳　到山日甲寅年甲戌月又　庚戌　辛向貴到向
辰將　子加丑盤　拱午力大也哉午將　子加辰盤

夾未貴

戊申　三傳酉丑巳○甲山庚向

戊午　○未作甲山貴戊申戊午

○癸未　夾之　庚向之丑沖起用

丙辰　山之未　伏吟反吟此

申將　子加申盤　共三課

己未　三傳　○甲山庚向

庚午　○午申夾未貴加庚山

庚申

乙酉

申將　子加丑盤

戊申　三傳未丑未○丑山未向

戊午　○未作戊貴戊申年戊午

癸未　月夾癸未日于丑山二貴

癸丑　會寅

未將　反吟

癸未　三傳丑亥酉○申山庚向

戊午　○未作戊貴戊午月戊申

戊申　日夾癸未太歲于庚酉作

辛酉　庚申貴丑發傳以沖未

未將　子加寅盤　木郎作太陽加大

夾申貴

癸未　三傳卯寅丑○甲山庚向
戊午　○未作戊貴今戊午月戊
○戊申　申日夾癸未太歲于庚申
辛酉　上作庚向甲山貴丑發傳
申將　子加丑盤　在甲山以冲之
乙未　三傳辰申子○乙山辛向　乙未　三傳申寅巳○庚山甲向
乙酉　○申貴加乙山夲年酉月　乙酉　○四課見七申作祿作貴
○庚申　夾之力大　庚申　在本山難得
丁丑　庚辰
巳將　辰將丙子時　子加申盤　辰將　伏吟　巳將辛巳全

拱串祿

庚申 三傳申戌子。午山子向
乙酉 ○子向乙貴對元辰 酉
○乙未 月太日來串祿貴拱山
戊寅 寅冲申妙
辰將 子加戌盤 子寅辰拱 四庚全
庚申 三傳戌申午。乙山辛向
庚辰 ○申作三庚祿加辛向作
○庚子 乙山貴辰月子日拱乙方
丁亥 大
酉將 子加辰盤

庚申 三傳戌酉申。庚山甲向
庚辰 ○申作三庚祿加庚山作
○庚子 太歲辰月子日拱乙方大
丁亥 未貴串祿來庚
戊將 子加丑盤

夾酉貴

庚申　三傳辰申子○乙山辛向
庚辰　○申作太歲三庚祿子辰
○庚子　拱之加乙山作貴力大
辛巳
酉將　子加申盤　子年申日仝
丙戌　三傳酉戌未○卯山酉向
丙申　○辛酉作三丙貴戌年申
○辛酉　月夾之于本向
癸巳
巳將　伏吟　辛卯日卯子午仝　午將　反吟

丙戌　三傳卯酉卯○卯山酉向
丙申
辛酉
戊子

丙戌　三傳卯午酉　子山午向　丙戌　三傳丑酉酉○辛山乙向

丙申　○辛酉作二丙貴丙戌年　丙申　○酉作二丙貴戌年申月○

○辛酉　丙申月夾之子午向午作○辛酉　夾辛酉子辛山作山祿到

辛卯　辛日貴向酉作辛日祿祿　夾會貴子向大利　辛卯　乙未　山○

午將　子加酉盤　日酉子卯全午將　子加丑盤

辛酉　三傳酉丑巳○巳山亥向　辛酉　三傳丑亥酉○巳山亥向

丙申　○酉作丙貴丙申月○丙申　丙申　○壬山丙向

丙戌　日夾辛酉年○子己巳郎作○丙戌

庚寅　丙祿郎作丙貴會巳祿子　乙未

午將　子加申盤　向辛卯年全巳將　子加寅盤　卯年全

拱酉貴

辛巳 三傳酉戌未○卯山酉向
辛丑
○辛酉
戊子
子將 伏吟
辛巳 三傳子酉酉○辛山乙向
辛丑
○辛酉
庚寅
丑將 子加丑盤

辛巳 三傳卯酉卯○卯山酉向
辛丑
○辛酉
乙未
丑將 反吟
辛巳 三傳卯午酉○壬山丙向
辛丑 ○子山午向○拱酉子午
○辛酉 向○
戊戌
丑將 子加酉盤

夾亥祿

辛酉　三傳丑亥酉○壬山丙向
辛丑　○酉作四辛祿辛丑月辛
巳日拱辛酉太歲于壬亥
○辛巳　作丙向貴到山酉年月日
辛卯　時之四祿作丙向之酉貴○
丑將　子加寅盤　到山大力○
丁亥　三傳卯亥未○酉山卯向
壬子　○亥作壬祿子月戌日夾
○壬戌　丁亥子卯向卯又作壬貴
乙巳　作祿夾會貴卯又作乙時
丑將　子加辰盤　祿對元辰最美之課○

辛酉　三傳酉丑巳○壬山丙向
辛丑　○酉作三辛祿一丙貴辛
○辛巳　丑月辛巳日拱辛酉太歲
丙申　于丙巳作丙向貴到向巳
子將　子加申盤　又作丙向祿
丁亥　三傳未亥卯○丁山癸向
壬子　○亥作二壬祿子月戌日
壬戌　夾之在丁山作丁山貴到
己酉　山○
丑將　子加申盤

拱亥祿

壬戌　三傳巳寅亥　○艮山坤向
壬子　○亥作艮山貴到山壬戌
○丁亥　壬子夾之大利
甲辰
丑將　子加卯盤
丁卯　三傳巳寅亥　○艮山坤向
丁未　○亥作三丁貴丁卯年丁
○丁亥　未月拱丁亥日子艮山作
己酉　艮丙祿山祿到山
午將　子加卯盤

壬戌　三傳未亥卯　○丁山癸向
壬子　○丁亥貴人壬子壬戌夾
○丁亥　壬丁山
己酉
丑將　子加申盤
丁卯　三傳未亥卯　○丁山癸向
丁未　○丁亥作三丁貴丁卯年
○丁亥　丁未月拱丁亥子丁山作
癸卯　丁山貴到山　壬寅不犯二卯時此妙
未將　壬寅午將　子加申盤

丁亥 三傳未亥卯 ○丁山癸向
丁未 ○亥作太歲方重
○丁卯
壬寅
午將 子加申盤
丁亥 三傳亥酉未 ○丁山癸向
丁卯 ○丁亥作三丁貴未月卯
丁卯 日三合拱亥子癸向以作
戊申 丁山貴到向
午將 子加辰盤

丁亥 三傳酉亥丑 ○酉山卯向
丁未 ○丁亥作三丁貴丁未月
○丁卯 丁卯日三方拱丁亥子酉
乙巳 山作酉貴會亥貴
未將 子加戌盤

夾子祿

癸丑　三傳辰申子○坤山艮向
癸亥　○戊子作坎卦坤之先天
○戊子　今加坤申後天入先天且
壬戌　坤納癸癸祿于子癸丑年癸
寅將　子加申盤　亥月夾之八 坤卦力大

戊子　三傳(子)亥戌○癸山丁向
癸亥　○子作癸祿亥月丑日夾
○癸丑　戊子于癸山作山祿到山
乙卯　子又作乙貴又作太歲力
寅將　子加丑盤　大

癸丑　三傳午(子)午○午山子向
癸亥　○子向作二癸祿丑年亥
○戊子　月夾戊日子午山　相
庚申　濟
寅將　反吟

癸酉　三傳寅未(子)○癸山丁向
乙丑　○子作二乙貴二癸祿丑
○乙亥　月亥日夾之子丁向作癸
癸未　山祿到向
子將　子加未盤

乙亥　三傳辰申子○庚山甲向
巳丑　○子作乙巳貴加甲上取
○庚子　亥丑夾子支加庚干作乙
乙酉　巳二貴交加
丑將　子加申盤
乙午　三傳子申辰○午山子向
己卯　○子作日支申作日干作
○庚子　乙巳二貴申加干上作二
戊寅　貴交加干向
戊將　子加辰盤

己丑　三傳子申辰○午山子向
乙亥○　○子向作日支巳年乙月
○庚子　貴癸時祿對元辰　申作
癸未　庚日祿巳乙貴加子向
卯將　子加辰盤
乙未　三傳子申辰○午山子向
○子向作三乙貴日建貴
乙酉　對元辰○申作三乙貴與
子祿加子向三貴會向○
○庚子　子向第一乙未作乙酉月
夾乙貴之申又係庚日之
乙酉　祿子向作日支又作乙干
之貴二貴
會篡
巳將　子加辰盤

夾丑貴

癸丑　三傳丑亥亥○巽山乾向
甲子　○丑作乾山貴加辰巽向
○甲寅　子寅夾之作甲干貴大吉
己巳
寅將　子加卯盤
六庚　三傳丑亥酉○甲山庚向
戊寅　○丑作戊貴寅月子日夾
○戊子　癸丑時干甲卯作甲山貴
癸丑　到山　丑作庚歲貴又發
亥將　子加寅盤　傳

乙丑　三傳丑未酉○申山庚向
戊子
○戊寅
辛酉
丑將　子加申盤
庚午　三傳巳申寅○丑山未向
戊子　○丑不發傳○因用丑時
○戊寅　丑作太陽月將到山郎不
癸丑　發傳與發仝　如在六庚
丑將　伏吟　年又提丑作歲貴

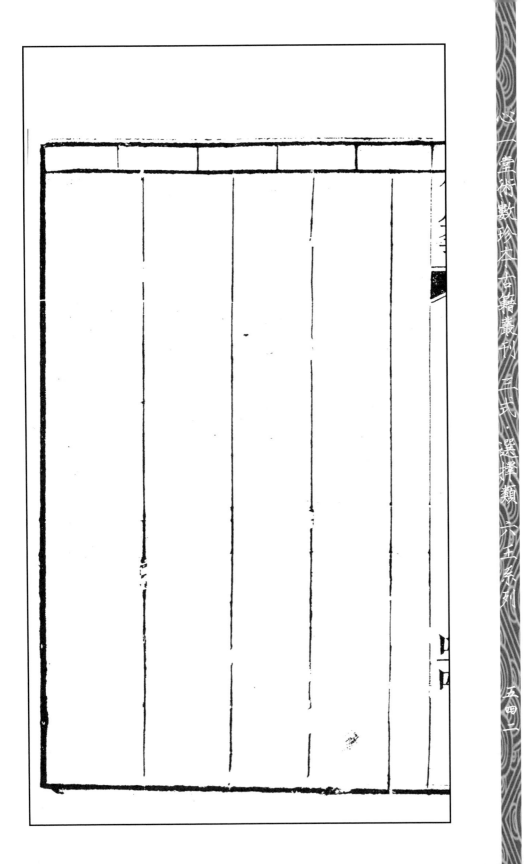

儀度六壬選日要訣地支聚祿聚貴日錄

寅支作聚祿聚貴

甲寅九課　丙寅二課　戊寅四課　庚寅三課　壬寅三課

共二十一課內四寅得十三課

卯支作聚祿聚貴

乙卯六課　丁卯四課　己卯五課　辛卯四課　癸卯五課

共二十四課內四卯得十一課

巳支作聚祿聚貴

六巳六課　辛巳一課　癸巳一課

共八課內四巳得五課

午支作聚祿聚貴

甲午九課　丙午四課　戊午六課　庚午六課　壬午五課

共三十課內四午得十課

未支作聚貴

乙未四課　丁未三課　己未二課　辛未三課　癸未一課

共十三課內無四未課

申支作聚祿聚貴

甲申三課　丙申五課　戊申一課　庚申三課　壬申二課

共十四課內四申得九課

酉支作聚祿聚貴

乙酉五課　丁酉三課　己酉七課　辛酉二課　癸酉二課

共十九課內四酉得八課

亥支作聚祿聚貴

丁亥一課　己亥三課　辛亥五課　癸亥四課

共十三課內四亥得六課

子支作聚祿聚貴

甲子四課 丙子五課 戊子三課 庚子一課 壬子八課

共二十一課內四子得二課

丑支作聚貴

乙丑四課 丁丑三課 己丑二課 辛丑七課 癸丑五課

共二十一課無四丑

儀度六壬選日要訣地支聚祿聚貴卷

地支會山向祿貴年月日時全者固美若止年月與日三支亦美何也太歳之尊一如天子福澤富貴所由出月建之權如督撫布按日元之權如府州知縣時建之權如經承陰陽生天子普賜恩典必由撫布州縣領來而領入吾家者經承陰陽生也此時建爲年月與日使與人有時不全年日而用別時者正取其奏領恩典到吾山家向家也所聚地支即爲日干祿貴更妙即爲用事本命更妙

寅支聚祿聚貴作甲山乾山祿元作辛山巽山貴元

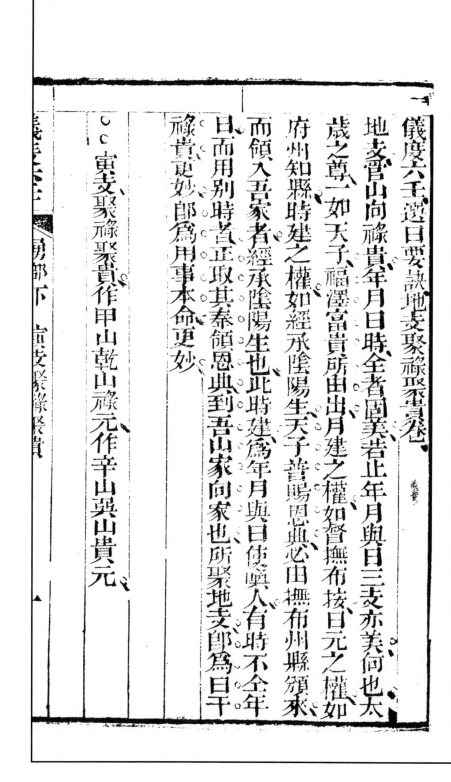

甲年

甲寅　三傳申巳寅。巽山乾向
丙寅　。四寅作申日甲年祿作
○甲寅　巽山貴加巽山作貴倉元
丙寅　辰丙寅作甲日福星貴人
亥將　子加卯盤　到巽山更利
甲寅　三傳亥申巳。巽山乾向
丙寅　。四寅加巽山作貴中傳
○丙寅　申冲起
庚寅
亥將　子加卯盤

甲寅　三傳戌申午。辛山乙向
丙寅　。四寅作辛山貴加乙向
甲寅　中傳加辛山冲起四寅
丙寅　四寅得甲日作聚祿也
子將　子加寅盤
丙寅　三傳申亥寅。巽山乾向
丙寅　。三寅作巽貴乾祿聚在
○丙寅　乾向得申時冲起更妙
丙申　此馬在山冲向與馬在向。
亥將　子加酉盤　冲山皆利

申年

甲寅　三傳寅亥申○巽山乾向　甲寅　三傳巳寅亥○巽山乾向
丙寅　○四寅聚在巽山力大　丙寅　○三寅聚在巽山
○戊寅　○庚寅
甲寅　己卯
亥將　子加卯盤　子將　子加卯盤
甲寅　三傳申亥寅○巽山乾向　甲寅　三傳巳寅亥○巽山乾向
丙寅　○三寅聚在乾　丙寅　○三傳作辛日貴聚在巽
○甲寅　○辛亥　山　辛丑日辛巳日全
癸酉　庚寅
子將　子加酉盤　亥將　子加卯盤

丙年

甲寅　三傳午辰寅　○辛山乙向

丙寅　○三寅作辛貴聚在乙向

○辛未　辛酉日辛亥日仝

庚寅

子將　子加寅盤

丙寅　三傳申巳寅　○巽山乾向

庚寅　○四寅聚在巽山

○甲寅

丙寅

亥將　子加卯盤

丙寅　三傳戌申午　○辛山乙向

庚寅　○四寅聚在乙向中傳申

○甲寅　馬加辛山冲起四寅

丙寅

午將　子加寅盤

戊年

戊寅　三傳戌(甲)午○辛山乙向

甲寅　○寅作辛山貴人聚在乙

○甲寅　辰到向焰辛山力大。

丙寅　辛未辛酉辛亥日子將全。

子將　子加寅盤

戊寅　三傳申亥寅○乾山巽向

甲寅　○三寅集乾山作祿

○戊寅　申馬冲起。

庚申

亥將　子加酉盤

戊寅　三傳亥(申)巳○巽山乾向

甲寅　○四寅集巽山申馬冲之

○丙寅

庚寅

亥將　子加卯盤

戊寅　三傳巳寅亥○乾山巽向

甲寅　○四寅加巽向作巽貴乾

○庚寅　祿。

戊寅

亥將　子加卯盤

庚年

庚寅　三傳寅亥申○乾山巽向
戊寅　○四寅加巽山作巽貴乾
○戊寅　祿力大
甲寅
亥將　子加卯盤
庚寅　三傳巳寅亥○乾山巽向
戊寅　○四寅加巽山作乾祿巽
○庚寅　貴力大
戊寅
亥將　子加卯盤

庚寅　三傳申亥寅○乾山巽向
戊寅　○三寅加乾山作乾祿巽
○戊寅　貴　申馬對沖力大
庚申
亥將　子加酉盤

壬年

壬寅 三傳巳寅亥○乾山巽向

壬寅 ○四寅加巽向作巽貴乾

○壬寅祿○

壬寅

亥將 子加卯盤

壬寅 三傳午辰寅○乙山辛向

壬寅 ○三寅加乙山作辛向貴

庚寅 到山力大

丁丑

亥將 子加寅盤

壬寅 三傳戌申午○乙山辛向

壬寅 ○四寅加乙山作辛向貴

○壬寅 人申作四寅馬乙山貴吞

壬寅 辛向沖寅○

子將 子加寅盤

○卯支聚祿聚貴作乙山祿元壬山癸山貴元

凡祿馬貴人本山之祿馬貴人到山固美到向照山尤美　向上之祿馬貴人到向固美到山照山更美

乙　年

乙卯	三傳未卯亥 ○癸山丁向
己卯	○三卯作癸山貴聚集丁
乙卯	向山貴到向
戊寅	
戊將	子加辰盤

乙卯	三傳酉子卯 ○午山子向
己卯	○癸山丁向 ○丙山壬向
○乙卯	子作二乙一巳貴
癸未	三卯作二乙祿一癸貴加
戊將	子加酉盤　子上

乙卯 三傳巳戌(卯)○辛山乙向　乙卯 三傳卯申丑○辛山乙向

乙 己卯 ○三卯作乙祿聚集辛山　己卯 ○三卯作乙向祿聚在辛

年○己卯 向祿到山　○辛卯 山向祿到山

己巳　甲午

戊將 子加未盤　亥將 子加未盤

乙卯 三傳巳丑(酉)○癸山丁向　己卯 三傳酉子(卯)○午山子向

己卯 ○四卯作癸山貴加丁向　己卯 ○子向作乙巳貴亥祿對

○癸卯 未傳酉冲之　○癸卯 元辰 三卯作癸貴乙祿

乙卯　庚卯 集子向

亥將 子加辰盤　亥將 子加酉盤

丁年

丁卯　三傳未(卯)亥○癸山丁向

癸卯　○四卯加丁向作癸山貴

○乙卯　到向　卯作乙祿

己卯

亥將　子加辰盤

丁卯　三傳酉(子)(卯)○午山子向

癸卯　○癸山丁向○丙山壬向

○癸卯　子向作癸祿對元辰

庚申　三卯作癸貴集子祿向

亥將　子加酉盤

丁卯　三傳未(卯)亥○丁山癸向

癸卯　○四卯作癸向貴加來丁

○己卯　山向貴到山力大

丁卯

亥將　子加辰盤

丁卯　三傳巳丑(酉)○癸山丁向

癸卯　○四卯癸山貴加丁向

○癸卯　酉作丁向貴到山以沖卯

乙卯

亥將　子加辰盤

三

己
年

己卯 三傳巳戌(卯)。乙山辛向	己卯 三傳未(卯)亥。丁山癸向
丁卯 。卯作乙山祿三卯集在	丁卯 。四卯作癸向貴加來丁
。丁卯 辛山祿到向	。丁卯 山大力
乙巳	癸卯
戌將 子加未盤	亥將 子加辰盤
己卯 三傳(卯)亥未。丁山癸向	己卯 三傳巳丑(酉)。丁山癸向
丁卯 。卯作癸向貴四加丁山。	丁卯 。三卯作癸向貴聚在丁
己卯 力大。	。癸卯 山向貴到山酉作丁山貴
丁卯	甲寅 到向以沖卯
亥將 子加辰盤	戌將 子加辰盤

己卯　三傳酉子卯○丁山癸向
丁卯
○癸卯
己未
戊將　子加酉盤
辛卯　三傳酉子卯○壬山丙向
辛年
辛卯　○子山午向○子山作乙
○乙卯　日貴會元辰○卯作乙祿
甲申　三集子上
亥將　子加酉盤

辛卯　三傳巳戌卯○辛山乙向
辛卯
○己卯
己巳
戊將　子加未盤

辛卯　三傳未(卯)亥。巽山乾向
辛卯　。四辛作巽山納甲。未作乾向貴人　庚午命中
。辛卯　會元者。寅作四辛貴加
辛卯　入午命也。　鄞縣范光陽
亥將　子加辰盤　祖坟

癸年

癸卯　三傳未(卯)亥。癸山丁向
乙卯　。四卯乙日祿作癸山貴
。乙卯　加在丁向大力。
己卯
亥將　子加辰盤

辛卯　三傳未(卯)亥。癸山丁向
辛卯　。四卯作癸貴加丁向力大。巢縣沈氏坟三貢一
。辛卯　縣人戊子生六十一戊子中上課貴寅入丁命中會
辛卯　元。丁山貴向水元呷四卯貪水死四卯大利與乾山四王寅分法。
亥將　子加辰盤

癸卯　三傳未(卯)亥。癸山丁向
乙卯　。癸山貴在卯四加丁向
。丁卯　山貴到向大力。
癸卯
亥將　子加辰盤

癸卯 三傳巳丑酉。癸山丁向
乙卯。四卯作癸山貴加丁向
。癸卯。酉作丁山貴到山沖卯
乙卯。卯作二乙祿二癸貴祿
亥將 子加辰盤 貴全收
癸卯 三傳酉子卯。午山子向
乙卯。子向作二乙貴二癸祿
。乙卯 對會元辰 三卯作二乙
癸未 祿二癸貴加壬子癸有上太加
戊將 子加酉盤 。癸山丁向。揀取子卯。

癸卯 三傳酉子卯。午山子向
乙卯。子向作乙貴癸祿對元
。癸卯 辰 卯作癸貴乙祿加
子向 丙山壬向單取三
庚申 卯作壬向貴力重 癸山
亥將 子加酉盤 丁向與午山仝

○巳支聚祿聚貴作丙干戊干祿元壬干癸干貴元○

巳巳　三傳酉丑巳○癸山丁向

巳午　三傳寅巳申○寅山申向

巳

巳巳　○四巳加丑作癸山貫○

巳巳　○申作四巳干貴對元辰

午

巳巳　丁山癸向○癸向巳祿到

○巳亥　而又發傳此取四巳干也

巳巳　向

巳巳○　艮山坤向○三巳作艮
山祿此取三巳支也○

酉將　子加申盤

申將　子加酉盤

巳年

巳年　三傳酉子卯　卯午酉　○子山午向

巳巳　○子山作四巳貴脩午辰　午向作四巳祿對元辰

○己卯　己酉　辛山乙向○壬作四巳貴　加辛酉山作乙向貴午作

巳巳　四巳祿加乙卯向作辛山　貴○此得四巳祿貴作山

申將　子加酉盤　何祿貴四　巳課管○

巳巳　三傳酉丑(巳)○丁山癸向

己巳　○巳作癸向貴四巳加丑

○癸巳　作癸向貴到向　癸日得

丁巳　巳作四貴

酉將　子加申盤

巳巳　三傳酉丑(巳)○丁山癸向

己巳　○四巳加癸向作癸貴到

○辛巳　向

癸巳

酉將　子加申盤

巳巳　三傳(巳)戌卯○壬山丙向

己巳　巳戌卯　子巳戌原取

○戊子　巳聚作祿貴今止二巳亦

丙辰　取者以戊日丙時年月作　日晴之祿　力大矣

酉將　子加未盤

辛巳　三傳酉丑巳○丁山癸向

辛　癸巳　○四巳作癸向貴對元辰

年○己巳

己巳

酉將　子加申盤

癸巳　三傳酉丑巳○丁山癸向

癸　丁巳　○癸歲貴在巳四巳加丑

年○巳巳　作癸向貴到向

己巳

酉將　子加申盤

。午支聚祿聚貴作丁巳干祿元辛干貴元。

申年

甲午　三傳戌(午)寅。辛山乙向　甲午　三傳申戌(子)。辛山乙向

庚午　。子山午向。三午疊加　庚午　。子作乙向貴加辛山冲。

。庚午　辛山作辛山貴人。寅作。丙午　四午干乙向

壬午　三甲祿加三午向上（辛山第一）　甲午

申將　子加辰盤（子山坎之子山得大陽到）申將　子加戌盤

甲午　三傳申戌子○乙山辛向　甲午　三傳戌午寅○辛山乙向

庚午　○四午作辛向貴加乙山　庚午　○三午到辛山作山貴文

○庚午　○子作乙山貴加辛向以○丙午　作巳時祿乃取之　三午

壬午　冲午　巳亥　得巳亥時作三祿

申將　子加戌盤　未將　子加辰盤

甲午　三傳午巳辰○癸山丁向　甲午　三傳戌午寅○乙山辛向

庚午　○三午加未作丁向祿到　庚午

○庚午　向　○壬午

乙酉　庚子

申將　子加丑盤　申將　子加辰盤　未將辛亥時

甲午　三傳戌(午)寅。辛山癸向
庚午　。午作巳時祿三。疊辛山。
。丙午　以作辛山貴。
巳亥
未將　子加辰盤
甲午　三傳卯(午)酉。子山卯向
庚午　。乙山辛向。酉作辛日
。辛酉　祿。二午作辛日貴加卯
壬辰　向對酉祿山。作辛山貴。
未將　子加酉盤　加乙向

甲午　三傳子酉(午)(午)卯子。辛山乙向
庚午　。巳
。己酉卯　祿午。貴子。。午加酉作辛
甲戌　山貴到山。子加卯作乙
向貴到向。二午疊加辛
酉力重。
未將　子加卯盤

丙午　三傳辰(午)申　○辛山乙向　　丙午　三傳申戌(子)　○辛山乙向

丙
甲午　○四午疊加乙向以作辛　　甲午

年
○甲午　山貴人力大　　○丙午

庚午　　甲午

申將　子加戌盤　　申將　子加戌盤

丙午　三傳子酉(午)(午)卯子　○辛山乙向　　丙午　三傳卯(午)(午)戌(午)申　○丁山癸向

甲午　丁山癸向　丁山祿午　　甲午

○己酉卯　癸向祿子並發出傳　巳　　○己酉未

甲戌　日祿午貴子　　壬申

未將　子加卯盤　　未將　子加丑盤

戊年

戊午　三傳申戌子。辛山乙向
戊午　。四午作辛山貴加乙向
。戊午　子作乙向貴加辛山冲午
戊午　辛山元士貪火旺午破
申將　子加戌盤　木死馬爲妙
戊午　三傳卯午酉。卯山酉向
戊午　。卯山作癸時貴會元辰　。酉向作辛日祿對元辰
。辛酉　。年午月午作辛日貴加　卯山以對酉祿向。二午
癸巳　在年月作聚貴聚祿　共十三課宜細閱之
申將　子加酉盤

戊午　三傳午巳辰。癸山丁向
戊午　。三午加丁向向上得祿
。庚午　並年月日支力重
乙酉　丙山壬向。巳作二戊祿　加丙午作丙山祿通書云　午命二元一武臨午命上
申將　子加丑盤　封侯
戊午　三傳卯午午　戌午申　。癸山丁向
戊午　二午作巳祿
。已未酉
癸酉
申將　子加丑盤

戊午　三傳子酉午（午卯子）○癸山丁向　戊午　三傳卯午午（戊午申）○丁山下向

戊午　戊午　○此午加下止丙戊壬三

○己酉（卯）　○己酉（未）　年可用

乙亥　癸酉

申將　子加卯盤　申將　子加卯盤

庚午　三傳辰午申○乙山辛向　庚午　三傳申戌子○乙山辛向

庚年　壬午　○四午加辰乙作辛向貴　壬午　○四午作辛向貴加入乙

○甲午　入到山家　若午命入用　庚午　山　子作乙山貴在辛向

庚午　此課大美　壬午　冲起四午大有力

申將　子加戌盤　申將　子加戌盤

庚午　三傳申戌子。乙山辛向
壬午　。四午作辛向貴到乙山
。壬午　。子作乙山貴到辛向冲
丙午　起四午有力
申將　子加戌盤
庚午　三傳子酉午。乙山辛向
壬午　。酉山卯向。酉山作丁
。丁卯　貴會元辰。年月二午作
庚戌　丁祿加酉祿。午作辛向　貴酉作辛向祿對乙山元
未將　子加卯盤

庚午　三傳戌午寅。乙山辛向
壬午　。午作辛向貴四午疊在
。壬午　辛戌坐乙以向之利極妙
庚子　在子時冲午
申將　子加辰盤
庚午　三傳子酉午　午卯子。癸山丁向
壬午　己卯　己酉二日甲丙
。己卯　己酉　戊庚壬丑年並可用
乙亥
申將　子加卯盤

壬午

壬午　三傳申戌子。乙山辛向
丙午
庚午
壬午
中將　子加戌盤
壬午　三傳子酉午。乙山辛向
丙午　。酉山卯向。辛日得午
。丁卯　作聚貴　巳日丁日得午
庚戌　聚祿。　丁酉日午卯子全
末將　子加酉盤

壬午　三傳卯午酉。卯山酉向
丙午　。卯山作壬年癸時貴會
。辛酉　元辰。酉向作丙月貴辛
癸巳　日祿對元辰　二午作辛
中將　子加酉盤　貴
壬午　三傳子酉午午卯子。辛山乙向
丙午　丁山癸向
。己卯酉
甲戌
末將　子加卯盤

[illegible]局部下　年支聚祿聚貴　二三

壬年午 三傳 卯戌子午午申 ○ 丁山癸向

丙午

○己未酉

壬申

亥將 子加丑盤

○未支聚祿聚貴作甲干陽貴庚干戊干陰貴

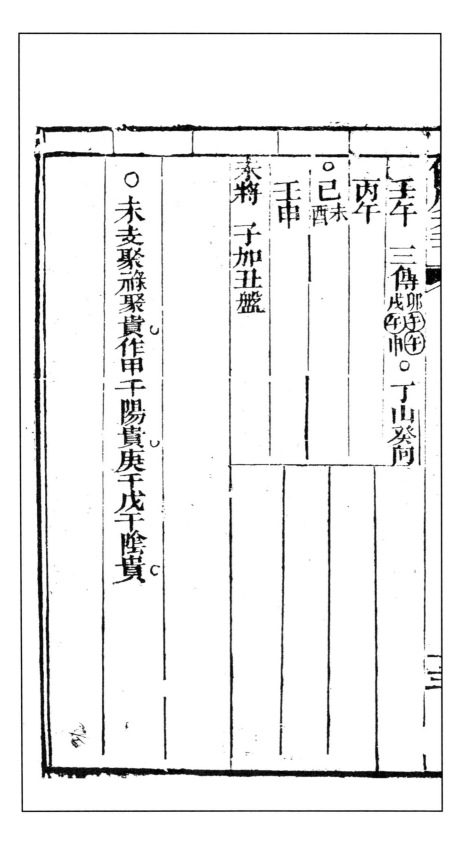

乙未　三傳卯亥未○乾山巽向

癸未　○三未加亥作乾山貴到

○乙未　山○太陽帶貴到山大妙

丁亥

未將　子加辰盤

乙未　三傳亥卯未○申山庚向

癸未　○三未加卯作太陽作甲

○辛未　山貴到山

辛卯

未將　子加申盤

乙未　三傳卯亥未○乾山巽向

癸未

己未

乙亥

未將　子加辰盤

乙未　三傳巳未酉○乾山巽向

癸未　○三未加巽巳作乾山貴

○癸未　到向　太陽到向

丁巳

未將　子加戌盤

丁　年

丁未　三傳亥卯未○庚山甲向

丁未　○三未加卯作甲向貴到

○乙未　向帶太陽妙

已卯

未將　子加申盤

丁未　三傳亥卯未○庚山甲向

丁未　○三未加卯作甲向貴到

○辛未　向　三未一庚提作貴

庚寅

午將　子加申盤

丁未　三傳亥卯未○庚山甲向

丁未　○三未加申卯作庚甲貴

丁未　到向

壬寅

午將　子加申盤

己年

己未　三傳卯亥(未)巽山乾向
辛未　三未疊加亥作乾山貴
辛未　到山得時甲干提作貴
甲戌　未加乾亥
午將　子加辰盤

辛年

辛未　三傳亥卯(未)庚山甲向
乙未　未作甲庚貴三未加卯
丁未　甲向作山向貴到向
壬寅
午將　子加申盤

己未　三傳卯亥(未)巽山乾向
辛未　三未疊加亥作乾山貴
辛未　到山　三未作戊貴加乾
戊戌　向　一戊提三未
午將　子加辰盤

辛未　三傳卯亥(未)巽山乾向
乙未　三未作戊貴　一戊提
辛未　三未
戊戌
午將　子加辰盤

辛未　三傳寅未子。甲山庚向

乙未　○二未作戊日貴丑時又
○戊辰　冲起加寅亥未作甲山貴
癸丑　到山　一戊捉三未

午將　子加未盤

癸未　三傳卯亥未。與山乾向
巳未　○未作乾甲貴、三未加
年○辛未　亥作乾向貴熖巽山

已亥

未將　子加辰盤

○申支聚祿聚貴作庚干祿元乙干巳干貴元

甲年

甲申 三傳戌酉申 ○庚山甲向	壬申 ○申作庚祿加酉作庚山	○壬申 祿到山 三申冲寅	丁未	午將 子加丑盤
甲申 三傳巳寅亥 ○巽山乾向	壬申 ○寅作巽乾祿貴作四申	○庚申 馬 申加乾向冲之	甲申 妙在庚申日四申皆作祿	巳將 子加卯盤

甲申　三傳申未午　○庚山甲向
壬申　○妙在乙酉日年月二申
○乙酉　作日貴
壬午
巳將　子加丑盤

丙年

丙申　三傳寅亥申　○巽山乾向
丙申　○寅作巽貴乾祿四馬申
○戊申　能沖之速發　妙在四申
庚申　作庚時祿
巳將　子加卯盤

丙申　三傳巳寅亥　○巽山乾向
丙申　○寅作巽三貴乾向祿作
○丙申　四申馬加巽山四申在乾
丙申　向沖寅大有力
巳將　子加卯盤

丙申 三傳午辰寅 ○辛山乙向

丙申 ○四申作乙向貴到辛山

○庚申 ○寅作辛山貴到乙向馬

甲申 來沖申 妙在庚申日四申皆他祿

午將 子加寅盤

丙申 三傳申戌子 ○子山午向

丙申 ○子山作乙巳貴會元辰

○乙巳 申作乙巳貴加午以對

己卯 元辰○妙在二申年月作日時乙巳二貴太歲月建皆我用人

巳將 子加戌盤

丙申 三傳申未午戌酉申 ○甲山庚向

丙申 ○申作乙貴

乙酉亥

癸未

午將 子加丑盤

戊年

戊申　三傳寅亥申○乾山巽向

庚申　○寅作乾山祿巽向貴

○戊申　四申馬寅加巽向四申加

庚申　乾山以冲之力大○

巳將　子加卯盤

庚年

庚申　三傳巳寅亥○巽山乾向

甲申　○用寅作四申馬作山向

○丙申　祿貴大妙

丙申

巳將　子加卯盤

庚申　三傳巳寅亥○巽山乾向

甲申　○寅作四申馬作巽乾祿

○甲申　貴加巽山四申在乾冲起

壬申

巳將　子加卯盤

庚申 三傳寅亥申 ○乾山巽向
甲申 ○寅作四申馬申作四寅
○戊申 馬交相冲大妙
庚申

壬年

巳將 子加卯盤
壬申 三傳卯申丑 ○甲山庚向
戊申 ○申作庚祿三申加甲卯
○丙申 山作庚向祿到申山
戊子
巳將 子加未盤

壬申 三傳寅亥申 ○巽山乾向
戊申 ○四申冲寅寅作乾祿巽
戊申 貴 四申作庚時祿
庚申
巳將 子加卯盤

○酉支聚祿聚貴。在辛干祿元丙丁干貴元。

乙年

乙酉　三傳巳丑(酉)。癸山丁向

乙酉　○乾山巽向。丁貴在酉。

乙酉　四酉加丑癸山。作丁向。貴。

乙酉　到山。丑作乾山貴。加巽

巳將　子加辰盤　向。山貴到向。

乙酉　三傳(酉)亥丑。癸山丁向

乙酉　○丁貴在酉三酉加未。作

○丁酉　丁向貴。到向又作丁日貴

癸卯

巳將　子加戌盤

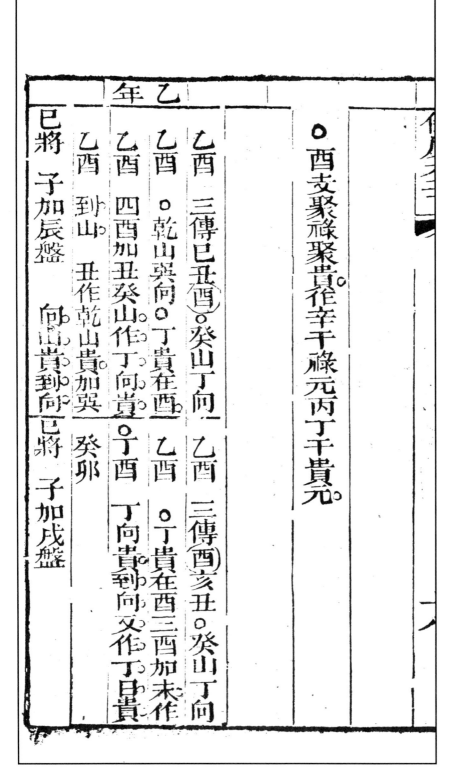

乙酉 三傳卯亥未 ○癸山丁向

乙酉 ○四酉加丑癸山作丁向

○己酉 貴卯作癸山貴加丁冲酉

癸酉

巳將 子加辰盤

乙酉 三傳卯午酉 ○午山子向 ○癸山丁向

乙酉 ○子向作乙巳貴對元辰 ○午山作巳日祿會元辰

○巳酉 ○三酉加午作丙山貴○ 丙山壬向○三酉加午作

乙丑 丁向貴○午作丁向祿酉 貴加午祿 又子山晴作

辰將 子加酉盤 乙巳貴作 癸山祿

乙酉 三傳巳丑酉 ○癸山乾向

乙酉 ○三酉作丁向貴加癸向

○癸酉 貴到山

庚申

辰將 子加辰盤

儀度六壬選 甬部下 酉支聚祿聚貴

丁年

丁酉 三傳己丑酉。丁山癸向
己酉 。四酉作丁山貴。加癸丑
。丁酉 向。癸。作。丁。日。貴。
己酉
巳將 子加辰盤
丁酉 三傳卯亥未。丁山癸向
己酉 。四酉暗加丑癸向 卯
。巳酉 在丁冲之
癸酉
巳將 子加辰盤

丁酉 三傳酉亥丑。丁山癸向
己酉 。三酉加未作丁山貴
。丁酉 丁日貴
壬寅
辰將 子加戌盤

己年

己酉 三傳卯午酉○子山午向

癸酉 ○丁山癸向○三酉加午

○己酉 丁山作丁山貴卒作巳祿

丙寅 ○壬山丙向○三酉作丙

巳將 子加酉盤 向貴

己酉 三傳巳丑酉○丁山癸向

癸酉 ○酉作丁山貴四酉加癸

○丁酉 丑向山貴到向作丁巳貴

己酉 更妙

巳將 子加辰盤

己酉 三傳巳丑酉○癸山丁向

癸酉 ○酉作丁向貴四酉加

○乙酉 丑山向貴到山

乙酉

巳將 子加辰盤

己酉 三傳卯亥未○丁山癸向

癸酉 ○酉作丁山貴三酉喑加

○己酉 癸丑向卯作癸向貴加丁

壬申 未山冲起酉貴

辰將 子加辰盤

己酉　三傳子酉酉　辛山乙向

癸酉　酉作辛祿三酉加戊作

辛酉　辛山祿到山

甲午

巳將　子加丑盤

己酉　三傳卯午酉　子山午向

癸酉　午向作辛日貴巳年祿

辛酉　對元辰　酉作辛日祿加午貴向

庚寅　壬山丙向　酉作丙貴
一辛三酉加午丙向

巳將　子加酉盤

己酉　三傳巳丑酉　癸山丁向

癸酉　酉作丁貴三酉加癸山

癸酉　作丁向貴到山

庚申

辰將　子加辰盤

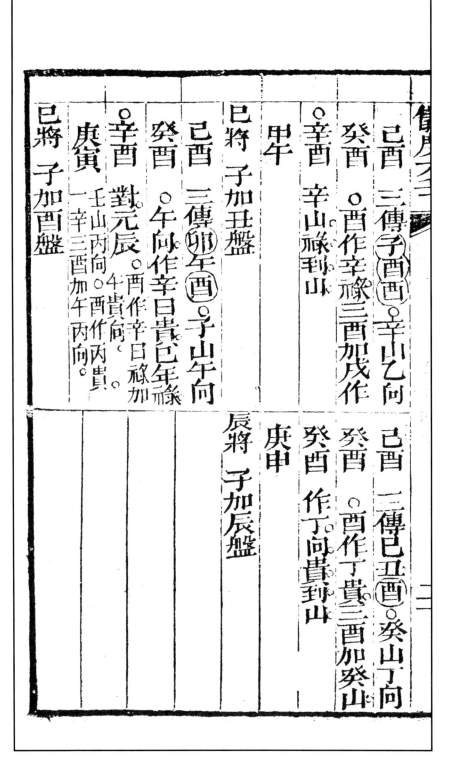

辛年

(辛)酉　三傳巳丑(酉)○丁山癸向
丁酉　○酉作丁貴四酉加癸向
丁酉　作丁山貴對向
己酉
巳將　子加辰盤

(辛)酉　三傳巳丑(酉)○丁山癸向
丁酉　○酉作丁貴四酉加癸丑
○己酉　向作丁山貴加向上
癸酉
巳將　子加辰盤

癸年

癸酉　三傳卯午(酉)○子山午向
辛酉　○午向作辛月辛日貴對
辛酉　元辰三酉作辛祿向○加午貴
庚寅　壬山丙向○酉作丙向貴　三酉加午丙向
巳將　子加酉盤

癸酉　三傳卯午(酉)○丁山癸向
辛酉　○午向作己日祿辛月貴
○巳酉　對元辰　酉作辛月祿丙　將貴加午貴向
丙寅　貴　○壬山丙向○丙作丙向　三酉酉午丙向
巳將　子加酉盤

○亥支聚祿聚貴作壬干祿元丙干丁干貴元○

丁年

丁亥　三傳巳寅亥○申山寅向

辛亥　○坤山艮向○三亥加寅○

辛亥　作艮向貴○巳作艮祿加

癸巳　坤山

寅將　子加卯盤

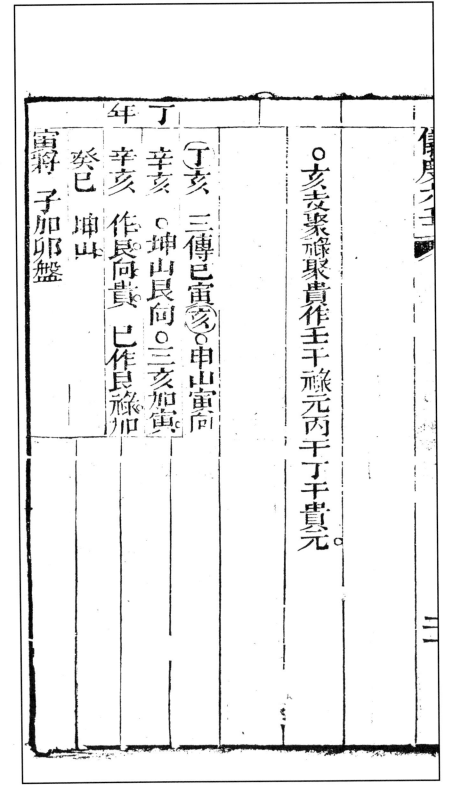

己年

己亥　三傳未亥卯○癸山丁向

乙亥　○四亥加未作丁向貴

乙亥　上得貴

丁亥

卯將　子加申盤

己亥　三傳午亥辰○壬山丙向

乙亥　○三亥加丙午向作壬山

○癸亥　祿丙向貴到向

辛酉

寅將　子加未盤

己亥　三傳酉丑巳○癸山丁向

乙亥　○四亥作未作丁向貴巳

○癸亥　作癸貴到山沖亥

癸亥

卯將　子加申盤

辛年

辛亥 三傳巳亥卯 ○壬山丙向
己亥 ○亥作壬山祿丙向貴
○己亥 三加丙午 巳傳加壬子
癸酉 冲之
寅將 子加巳盤
辛亥 三傳亥戌未 ○癸山丙向
己亥 ○亥作壬山祿丙向貴三
○辛亥 亥迭見 會元辰
辛卯
卯將 伏吟

辛亥 三傳亥未丑 ○壬山丙向
己亥 ○亥作壬山祿丙向貴會
○己亥 元辰 二亥加壬
丙寅
寅將 伏吟
辛亥 三傳午亥辰 ○壬山丙向
己亥 ○亥作壬祿丙貴三加丙
○癸亥 午向作壬山祿丙向貴
辛酉
寅將 子加未盤

辛亥　三傳酉丑巳　○癸山丁向

己亥　○四亥作丁向貴加丁未

○癸亥　向巳加癸山貴沖赴酉亥

癸亥

卯將　子加申盤

癸年

癸亥　三傳未亥卯　○癸山丁向

癸亥　○亥作丁貴四亥加未作

○乙亥　丁向貴

丁亥

卯將　子加申盤

儀度六壬　寅部下　亥支聚祿聚貴

癸亥　三傳未亥卯　○癸山丁向

癸亥　○亥作丁貴四亥加未作

○己亥　丁向貴貴人臨向

乙亥

卯將　子加申盤

癸亥 三傳巳寅亥 ○坤山艮向

癸亥 ○艮向貴在亥三亥加寅

○辛亥 作艮向貴一巳加坤作艮

癸巳 向祿

寅將 子加卯盤

癸亥 三傳酉丑巳 ○癸山丁向

癸亥 ○丁山癸向○甲山庚向

○癸亥 ○亥暗加丁未四巳冲起四丑加庚酉向作甲山

癸亥 貴○丙山壬向○酉作丙山貴四加巳丙山○此四山皆稱美者

卯將 子加申盤

○子支聚祿聚貴作癸干祿元乙干陰貴元巳干陽貴元

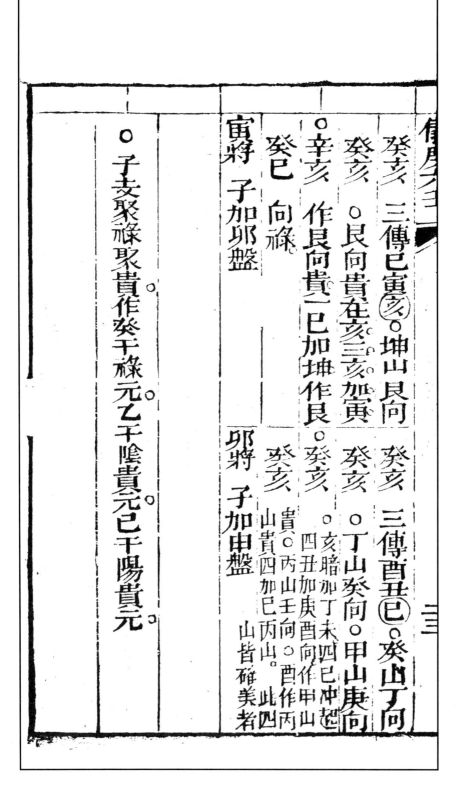

甲子　三傳子戊亥○丁山癸向　甲子　三傳子巳戌○丁山癸向

甲

丙子　○癸祿居三子加丑作癸　丙子　○子作癸祿三子加丁未

年

○甲子　何祿向上得祿　○甲子　山作癸向祿向祿到山

丁卯　壬申

寅將　子加丑盤　丑將　子加未盤

甲子　三傳甲辰子○辛山乙向　甲子　三傳辰午申○辛山乙向

丙子　○子作乙貴三子加辰作　丙子　○子作乙貴四子加戌作

○丙子　乙向貴向上得貴　○庚子　乙向貴午作辛向貴在向

甲午　丙子　沖子

寅將　子加辰盤　寅將　子加戌盤

儀度六壬　男部下　子長聚祿聚貴

丙年

丙子　三傳午卯子。辛山乙向

丙子　三傳申辰子。辛山乙向

庚子　。卯作乙祿三子作乙貴。

庚子　。子作乙向貴三子加辰

。甲子　乙貴加卯祿在乙向。

。丙子　乙貴到向午又加子。

己巳

甲午

寅將　子加卯盤

寅將　子加辰盤

丙子　三傳子申辰。乙山辛向

丙子　三傳午卯子。乙山辛向

庚子　。乙山貴在子三子重加

庚子　。卯作乙山祿子作乙山

庚子　辰作乙山貴到山如在午。

。庚子　貴三子加卯祿貴相會乙

壬午　時來冲之。

庚辰　山大利

寅將　子加辰盤

丑將　子加卯盤

戊年

丙子　三傳午卯(子)○乙山辛向

庚子　○酉山卯向○卯山乙山

○壬子　祿○子作乙山貴○三子

乙巳　加乙卯山作貴來會祿

寅將　子加卯盤

戊子　三傳(子)亥戌○丁山癸向

甲子　○子作癸向祿三子加丑

甲子　向上得祿

丁卯

寅將　子加丑盤

戊子　三傳(子)巳戌○丁山癸向

甲子　○三子加丁未山作癸向

○甲子　祿向祿到山

壬申

丑將　子加未盤

庚年						戊年			
寅將 子加未盤	癸酉	○壬子 祿向祿到山	戊子 ○三子加丁未山作癸向	庚子 三傳(子)巳戌○癸山丁向	丑將 子加辰盤	辛巳	○庚子 得三貴	甲子 ○三子加辰作乙向昌向	戊子 三傳(子)申辰○辛山乙向

壬年

壬子　三傳(子)亥戌○丁山癸向
壬子　○癸祿居子三子加丑作
○甲子　癸向祿向上得祿
丁卯
寅將　子加丑盤
壬子　三傳午卯(子)○乙山辛向
壬子　○卯作乙山祿三壬貴三
○丙子　子加乙卯山作乙山貴祿
壬辰　貴相會
丑將　子加卯盤

子支聚祿聚貴

壬子　三傳(子)巳戌○丁山癸向
壬子　○癸祿居子三子加丁未
○甲子　山作癸向祿到山
壬申
丑將　子加未盤
壬子　三傳(子)申辰○乙山辛向
壬子　○三傳加乙辰作乙山貴
庚子　到山
辛巳
丑將　子加辰盤

壬子 三傳辰午申 ○乙山辛向

壬子 ○子作乙山貴四子加辛

○壬子 戌向作乙山貴午沖起

庚子

寅將 子加戌盤

壬子 三傳午卯子 ○乙申辛向

壬子 ○三子作乙貴加乙卯山

○壬子 卯又作壬貴乙祿巧合

乙巳

寅將 子加卯盤

壬午 三傳亥子卯 ○酉山卯向

壬子 ○卯向作四壬貴對元辰

壬子 取四壬干不取二子故六

壬寅 壬午並可用

寅將 伏吟

壬子 三傳午酉子 ○乙山辛向

壬子 ○乙貴在子三子加辛酉

○壬子 向作乙山貴到向

庚戌

丑寅二將 子加酉盤

○丑支聚祿聚貴作甲干陰貴元戊庚干陽貴元

乙年

乙丑　三傳巳丑酉　○乾山巽向

己丑　○三丑聚一巽向作乾山

○乙丑　貴到向

庚辰

子將　子加辰盤

乙丑　三傳卯亥未　○巽山乾向

己丑　○三丑作乾向貴聚在巽

○己丑　山作向貴到山太陽到山

己巳

丑將　子加辰盤

丁年

乙丑　三傳巳丑酉　○巽山乾向
己丑　○三丑作乾向貴聚在巽
○辛丑　山作向貴到山
癸巳
丑將　子加辰盤
丁丑　三傳巳丑酉　○乾山巽向
癸丑　○丑作乾山貴三聚巽向
○乙丑　作山貴到向
庚辰
子將　子加辰盤

乙丑　三傳巳丑酉　○乾山巽向
己丑　○丑作乾山貴三丑聚在
○癸丑　巽向作山貴到向
丁巳
丑將　子加辰盤
丁丑　三傳酉丑巳　○甲山庚山
癸丑　○三丑作甲庚貴加庚酉
○辛丑　向三貴聚向
丙申
子將　子加申盤

己年

丁丑　三傳酉丑巳。甲山庚向
癸丑　。三丑作甲庚貴加庚酉
。癸丑　向貴人聚向
辛酉
丑將　子加申盤
己丑　三傳酉丑巳。庚山甲向
丁丑　。三丑作庚甲貴加庚酉
。乙丑　山山貴聚山
乙酉
丑將　子加申盤

己丑　三傳酉丑巳。甲山庚向
丁丑　。丑作甲庚三貴加庚酉
。辛丑　向
丙申
子將　子加申盤

辛年

辛丑　三傳酉(丑)巳○甲山庚向
辛丑　○三丑加酉庚作甲山庚
○丁丑　向貴
戊申
子將　子加申盤

辛丑　三傳巳(丑)酉○巽山乾向
辛丑　○三丑作乾向貴加巽巳
○乙丑　山
辛巳
丑將　子加辰盤

辛丑　三傳卯亥(未)○巽山乾向
辛丑　○一未冲三丑加巽巳山
○己丑　作乾向貴　妙在巽山得
己巳　三
丑將　子加辰盤

辛丑　三傳巳(丑)酉○巽山乾向
辛丑　○三丑作乾向貴加巽巳
○辛丑　山　巽山得三辛更美
癸巳
丑將　子加辰盤

辛丑　三傳酉丑巳○甲山庚向
辛丑　○三丑作申庚貴加庚酉
○辛丑　山○
丙申
午將　子加申盤
辛丑　三傳酉丑巳○甲山庚向
辛丑　○三丑作甲庚貴加庚酉
○癸丑　向
辛酉
丑將　子加申盤

辛丑　三傳巳丑酉○巽山乾向
辛丑　○三丑作乾向貴加巽巳
○癸丑　山○
丙辰
子將　子加辰盤

癸年

癸丑 三傳巳(丑)酉 ○乾山巽向
乙丑 ○三丑作乾山貴加巽巳
○乙丑 向
(庚)辰
子將 子加辰盤
癸丑 三傳卯亥(未) ○乾山巽向
乙丑 ○三丑作乾山貴暗加巽
○巳丑 巳未貴加乾沖之
戊辰
子將 子加辰盤

癸丑 三傳巳(丑)酉 ○乾山巽向
乙丑 ○三丑作乾山貴加巽巳
○丁丑 向
乙巳
丑將 子加辰盤
癸丑 三傳酉(丑)巳 ○甲山庚向
乙丑 ○三丑作甲庚貴加庚酉
○癸丑 向○
辛酉
丑將 子加申盤

癸丑　三傳巳丑酉　○乾山巽向

乙丑　○三丑作乾山貴加巽

○癸丑　向○

丁巳　●

丑將　子加辰盤

甲子日

	甲	子	日
祿馬	寅巳亥	祿馬 戌午寅	辰申子
寅甲	寅寅 子子 子子 子亥戌	戌甲 祿馬 午戌 申子 辰申 寅酉辰	午甲 祿馬 戌午 辰子 申辰 申亥辰
丑甲	子丑 亥子 戌亥 戌申午	酉甲 祿馬祿馬 辰酉 未子 寅未 寅申寅	巳申 申巳 卯子 午卯 辰午申
子甲	戌子 戌子 申戌 午卯子	申甲 寅申 午子 子午 子巳戌	辰申 午辰 寅子 辰寅 辰巳午
亥甲	申亥 酉子 午酉	未甲 子未 巳子 戌巳	卯甲 辰卯 丑子 寅丑

乙	丑	巳
辰丑戌	巳丑酉	酉丑巳
辰乙 貴馬 辰辰 丑丑 丑丑 子亥戌	子乙 祿 申子 酉丑 巳酉 卯戌巳	申乙 子申 巳丑 酉巳 未戌丑
卯乙 馬 寅卯 子丑 亥子 亥酉未	亥乙 午亥 申丑 卯申 戌辰戌	未乙 貴 貴 戌未 辰丑 未辰 申戌子
寅乙 子寅 亥丑 酉亥 丑戌未	戌乙 貴 辰戌 未丑 丑未 寅未子	午乙 祿 申午 卯丑 巳卯 寅卯辰
丑乙 戌丑 戌丑 未戌	酉乙 寅酉 午丑 亥午	巳乙 午巳 寅丑 卯寅

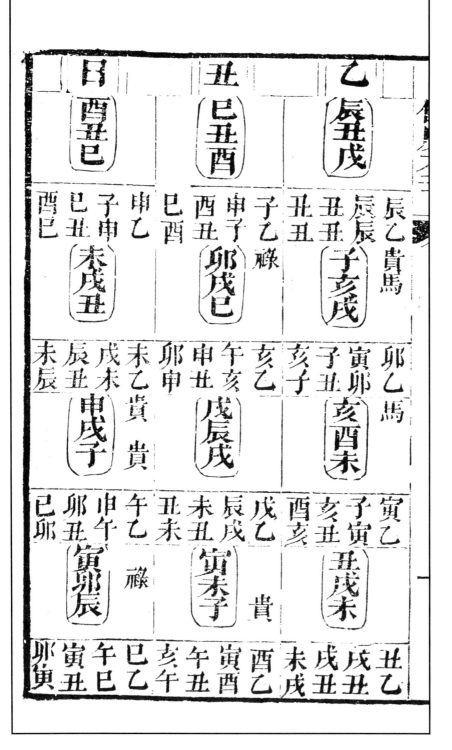

丙寅日

祿馬
巳申寅
寅午寅
貴祿
酉丑巳

巳丙 貴
己巳
寅寅 子亥戌
寅寅
丑丙
酉丑
戌寅 子未寅
午戌
酉丙 馬祿
丑酉
午寅 申巳寅
戌午

辰丙 貴貴
卯辰
丑寅 丑亥酉
子丑
子丙 馬
未子
酉寅 寅申寅
辰酉
申丙 馬
亥申
巳寅 辰午申
申巳

卯丙 貴馬祿
丑卯
子寅 亥申巳
戌子
亥丙 祿
巳亥
申寅 子巳戌
寅申
未丙 祿
酉未
辰寅 辰巳午
午辰

寅丙
亥寅
亥寅
申亥
戌丙
卯戌
未寅
子未
午丙
未午
卯寅
辰卯

丁卯日

祿 卯子午	貴 未卯亥	貴 未亥卯
未丁 未未 卯卯 卯卯 貴 丑子亥	卯丁 亥卯 亥卯 未亥 馬 戌巳子	亥丁 卯亥 未卯 亥未 貴 酉子卯
午丁 巳午 寅卯 辰寅 貴貴 亥酉未	寅丁 酉寅 戌卯 巳戌 貴 子酉卯	戌丁 丑戌 午卯 酉午 貴貴 酉亥丑
巳丁 卯巳 丑卯 亥丑 貴祿 子酉午	丑丁 未丑 酉卯 卯酉 馬 巳戌卯	酉丁 亥酉 巳卯 未巳 馬祿 辰巳午
辰丁 丑辰 子卯 酉子	子丁 巳子 申卯 丑申	申丁 酉申 辰卯 巳辰

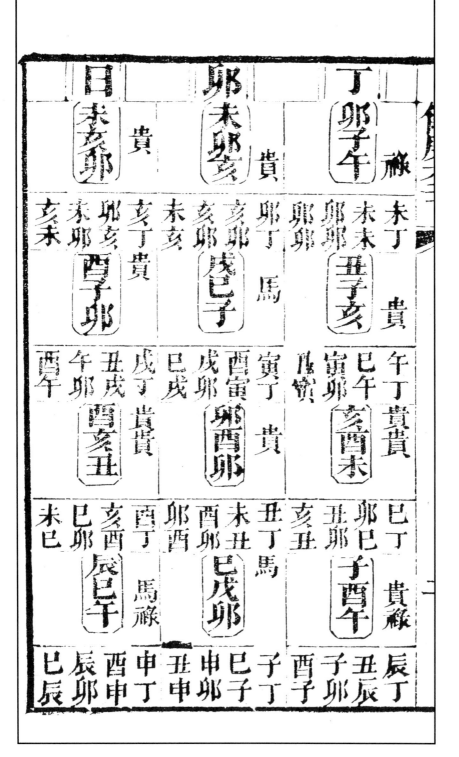

戊	辰	日
巳申寅 祿 馬	子申辰	子辰申
巳戌 巳巳 辰辰 辰辰	丑戌 酉丑 子辰 申子	酉戌 丑酉 申辰 子申
卯寅丑 馬 貴	子未寅 貴 馬	亥寅巳 馬 祿
辰戌 卯辰 卯辰 寅卯	子戌 未子 亥辰 午亥	申戌 辰申 未辰 戌未
丑亥酉 貴	巳亥巳 祿 祿	申戌子
卯戌 丑卯 寅辰 子寅	亥戌 巳亥 戌辰 辰戌	未戌 酉未 午辰 申午
寅亥申 馬	寅未子 馬 貴	寅午午 馬
寅戌 亥寅 丑辰 戌丑	戌戌 卯戌 酉辰 寅酉	午戌 未午 巳辰 午巳

勇鄉來 三

己

貴
（巳申寅）

未巳
未未
巳巳
巳巳
（卯寅丑）

午巳
巳午
辰巳
卯辰
馬
（丑亥酉）

巳巳
卯巳
卯巳
丑卯
馬貴
（寅亥申）

辰巳
丑辰
寅巳
亥寅

巳

馬
（卯亥未）

卯巳
亥卯
丑巳
酉丑
馬
（酉辰亥）

寅巳
酉寅
子巳
未子
馬
（巳亥巳）

丑巳
未丑
亥巳
巳亥
（巳戌卯）

子巳
巳子
戌巳
卯戌

円

巳作癸貴
到癸
（酉丑巳）
丁山四武
癸山四廉

亥巳貴馬
卯亥
酉巳
丑酉
（申亥寅）

戌巳馬
丑戌
申巳
亥申
（亥丑卯）

酉巳貴貴祿
亥酉
未巳
酉未
（申申午）

申巳
酉申
午巳
未午

庚午日

申寅巳 祿馬
申庚 申申 午午 午午

午巳辰
未庚 午未 巳午 辰巳

午辰寅
午庚 辰午 辰午 寅辰

巳寅亥
巳庚 寅巳 卯午 子卯

戌午寅
辰庚 子辰 寅午 戌寅

戌巳子
卯庚 戌卯 丑午 申丑

寅申寅 祿馬
寅庚 申寅 子午 午子

辰酉寅
丑庚 午丑 亥午 辰亥

辰申子 祿
子庚 辰子 戌子 寅戌

酉子卯
亥庚 寅亥 酉午 子酉

申戌子 祿馬
戌庚 子戌 申午 戌申

戌未酉 貴
酉庚 戌酉 未午 申未

辛未日

未丑戌
卯亥未
亥卯未

戌辛馬　戌戌　未未　未未
午辛　寅午　卯未　亥卯
寅辛　午寅　寅未　卯亥

巳辰卯
酉辰亥
亥丑丑

酉辛貴　貴　申酉　午未　巳午
巳辛馬　子巳　寅未　酉寅
丑辛貴　貴　辰丑　戌未　丑戌

午辰寅
巳丑辰
寅辰午

申辛　午申　巳未　卯巳
辰辛馬　戌辰　丑未　未丑
子辛　寅子　酉未　亥酉

亥未未
巳戌卯
申亥申

未辛　辰未　辰未　丑辰
卯辛　申卯　子未　巳子
亥辛　子亥　申未　酉未

壬				申				日			
祿 馬	亥申寅				子申辰			祿	未亥卯		
亥壬	亥亥	申申	申申	未壬	卯未	辰申	子辰	卯壬	未卯	子申	辰子
	戌酉申				午丑申			貴 祿	巳申亥		
戌壬	酉戌	未申	午未	午壬	丑午	卯申	戌卯	寅壬	巳寅	亥申	寅亥
馬	午辰寅			馬 馬	寅申寅			馬	子寅辰		
酉壬	未酉	午申	辰午	巳壬	亥巳	寅申	申寅	丑壬	卯丑	戌申	子戌
貴 祿	巳寅亥			馬	辰酉寅			馬貴	丑寅卯		
申壬	巳申	巳申	寅巳	辰壬	酉辰	丑申	午丑	子壬	丑子	酉申	戌酉

		癸				酉				日	
		丑戌未		貴		巳丑酉		貴		酉丑巳	
丑癸	丑丑	酉酉	酉酉	酉癸貴	巳酉	巳酉	丑巳	巳癸	酉巳	丑酉	巳丑
貴		未午巳		貴		卯戌巳				辰未戌	
子癸	亥子	申酉	未申	申癸貴	卯申	辰酉	亥辰	辰癸	未辰	子酉	卯子
貴貴		未巳卯		貴		卯酉卯		貴貴		丑卯巳	
亥癸	酉亥	未酉	巳未	未癸	丑未	卯酉	酉卯	卯癸	巳卯	亥酉	丑亥
貴祿		午卯子		祿貴		未子巳		馬祿		亥子丑	
戌癸	未戌	午酉	卯午	午癸	亥午	寅酉	未寅	寅癸	卯寅	戌酉	亥戌

甲	戌	日
祿馬 寅巳申	戌午寅 祿	祿 寅午戌
寅甲 寅寅 戌戌 戌戌	戌甲 午戌 午戌 寅午	午甲 戌午 寅戌 午寅
子亥戌	貴祿 子未寅	馬祿 申亥寅
丑甲 子丑 酉戌 申酉	酉甲 辰酉 巳戌 子巳	巳甲 申巳 丑戌 辰丑
祿 午辰寅	祿馬祿 寅申寅	馬 辰午申
子甲 戌子 申戌 午申	申甲 寅申 辰戌 戌辰	辰甲 午辰 子戌 寅子
馬祿 申巳寅	子巳戌	辰巳午
亥甲 申亥 未戌 辰未	未甲 子未 卯戌 申卯	卯甲 辰卯 亥戌 子亥

乙亥日

辰亥巳 馬	未卯亥 祿	未亥卯 祿
辰乙 辰辰 亥亥 亥亥	子乙 申子 未亥 卯未	申乙 子申 卯亥 未卯
戌酉申 貴	午丑申 貴	未戌丑
卯乙 寅卯 戌亥 酉戌	亥乙 午亥 午亥 丑午	未乙 戌未 寅亥 巳寅
酉未巳 馬	巳亥巳 馬 馬	申戌子 貴 貴
寅乙 子寅 酉亥 未酉	戌乙 辰戌 巳亥 巳巳	午乙 申午 丑亥 卯丑
丑戌未	寅未子 貴	丑寅卯 祿
丑乙 戌丑 申亥 巳申	酉乙 寅酉 辰亥 酉辰	巳乙 午巳 子亥 丑子

丙子日

祿 馬 巳申寅	申辰子	貴 祿 酉丑巳
巳丙 巳巳 子子 子子	丑丙 酉丑 申子 辰申	酉丙 丑酉 辰子 申辰
貴 戌酉申	子未寅	馬 申亥寅
辰丙 卯辰 亥子 戌亥	子丙 未子 未子 寅未	申丙 亥申 卯子 午卯
貴貴 丑亥酉	午子午	辰午申
卯丙 丑卯 戌子 申戌	亥丙 巳亥 午子 子午	未丙 酉未 寅子 辰寅
午卯子	祿 巳戌卯	馬 寅卯辰
寅丙 亥寅 酉子 午酉	戌丙 卯戌 巳子 戌巳	午丙 未午 丑子 寅丑

丁丑日

丑戌未	巳丑酉（貴）	酉丑巳（貴）
未丁 未未 丑丑 丑丑	卯丁 亥卯 酉丑 巳酉	亥丁 卯亥 巳丑 酉巳
子亥戌（貴）	卯戌巳	午戌辰（祿）
午丁 巳午 子丑 亥子	寅丁 酉寅 申丑 卯申	戌丁 丑戌 辰丑 未辰
亥酉未（貴馬）	亥未丑	酉亥丑（貴貴）
巳丁 卯巳 亥丑 酉亥	丑丁 未丑 未丑 丑未	酉丁 亥酉 卯丑 巳卯
子辰戌	巳戌卯	申酉戌（貴）
辰丁 丑辰 戌丑 未戌	子丁 巳子 午丑 亥午	申丁 酉申 寅丑 卯寅

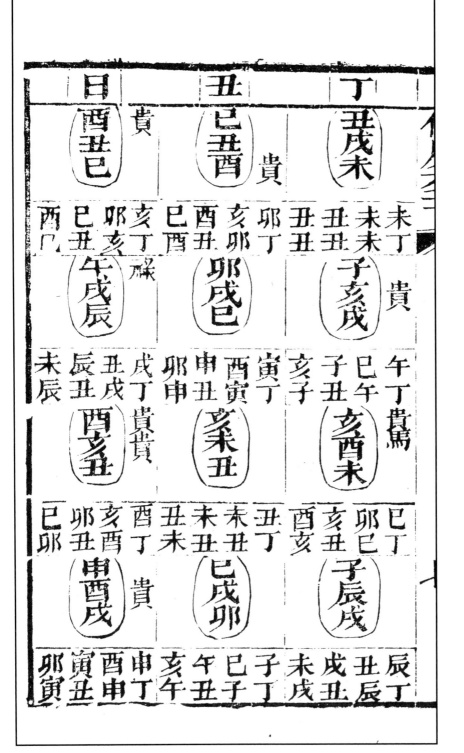

戊	寅	日
巳申寅	戊午寅	丑午酉 貴
巳戊 巳巳 寅寅 寅寅	丑戌 酉丑 戌寅 午戌	酉戌 丑酉 午寅 戌午
子亥戌	子未寅 貴	申亥寅 馬
辰戌 卯辰 丑寅 子丑	子戌 未子 酉寅 辰酉	申戌 亥申 巳寅 申巳
丑亥酉 貴	寅申寅 馬	辰午申 馬
卯戌 丑卯 子寅 戌子	亥戌 巳亥 申寅 寅申	未戌 酉未 辰寅 午辰
寅亥申 馬	子巳戌 祿	辰巳午 祿
寅戌 亥寅 亥寅 申亥	戌戌 卯戌 未寅 子未	午戌 未午 卯寅 辰卯

己卯日

卯子午 貴祿
未巳 未未 卯卯 卯卯

丑子亥 貴
午巳 巳午 寅卯 丑寅

亥酉未
巳巳 卯巳 丑卯 亥丑

子酉午 貴
辰巳 丑辰 子卯 酉子

未卯亥
卯巳 亥卯 亥卯 未亥

戌巳子 馬貴
寅巳 酉寅 戌卯 巳戌

卯酉卯
丑巳 未丑 酉卯 卯酉

巳戌卯
子巳 巳子 申卯 丑申

未亥卯
亥巳 卯亥 未卯 亥未

酉子卯 貴
戌巳 丑戌 午卯 酉午

亥丑卯
酉巳 亥酉 巳卯 未巳

辰巳午
申巳 酉申 辰卯 巳辰

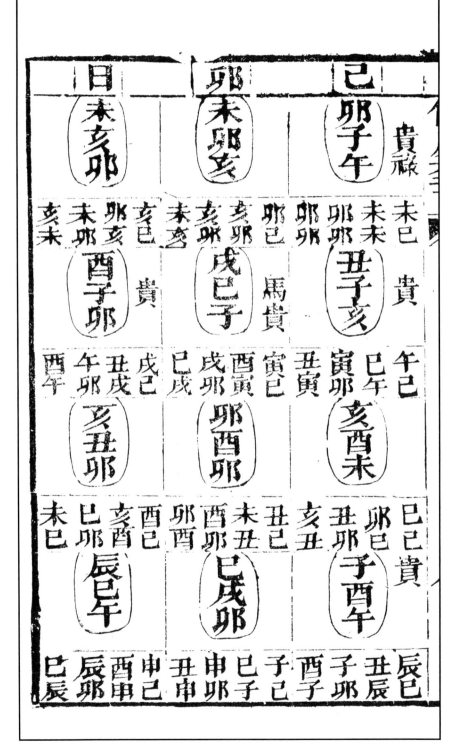

庚	辰	日
申寅巳	祿 子申辰	祿 辰申子
申庚 申申 辰辰 辰辰	辰庚 子辰 子辰 申子	子庚 辰子 申辰 子申
馬貴 卯寅丑	貴祿 午丑申	祿 寅巳申
未庚 午未 卯辰 寅卯	卯庚 戌卯 亥辰 午亥	亥庚 寅亥 未辰 戌未
馬 午辰寅	馬祿馬 寅申寅	祿 申戌子
午庚 辰午 寅辰 子寅	寅庚 申寅 戌辰 辰戌	戌庚 子戌 午辰 申午
馬 巳寅亥	馬貴 寅未子	貴祿 午未申
巳庚 寅巳 丑辰 戌丑	丑庚 午丑 酉辰 寅酉	酉庚 戌酉 巳辰 午巳

貴
戌辛　貴
酉辛　馬祿
申辛
未辛

辛巳申寅
戌戌
巳巳　卯寅丑
甲酉
辰巳　丑亥酉
午申
卯巳　寅亥申
辰未
寅巳

巳巳
卯辰
丑卯
亥寅

貴貴
午辛　貴祿
巳辛　馬
辰辛
卯辛

巳午寅戌
寅午
丑巳　未寅酉
子巳
子巳　巳亥巳
戌辰
亥巳　卯申丑
申卯
戌巳

酉丑
未子
巳亥
卯戌

祿
寅辛　貴
丑辛　貴　貴
子辛　貴
亥辛

日酉丑巳
午寅
酉巳　申亥寅
辰丑
申巳　寅辰午
寅子
未巳　午未申
子亥
午巳

丑酉
亥申
酉未
未午

壬午日

亥午子
戌午寅
未亥卯 祿貴

亥壬 亥亥 午午 午午 未壬 卯未 寅午 戌寅 卯壬 未卯 戌午 寅戌

馬 戌酉申
馬 午丑申
貴 酉子卯

戌壬 酉戌 巳午 辰巳 午壬 丑午 丑午 申丑 寅壬馬 巳寅 酉午 子酉

寅子戌
午子午
申戌子

酉壬貴祿 未酉 辰午 寅辰 巳壬 亥巳 子午 午子 丑壬 卯丑 申午 戌申

巳寅亥
辰酉寅
丑寅卯

申壬 巳申 卯午 子卯 辰壬 酉辰 亥午 辰亥 子壬 丑子 未午 申未

癸 丑戊未
馬
未 巳丑酉
貴
日 酉丑巳

丑癸 貴 貴
丑丑
未未
未未
巳辰卯

酉癸 貴 貴
巳酉
卯未
亥卯
卯戌巳

巳癸
酉巳
亥未
卯亥
辰未戌

子癸 貴 貴
亥子
午未
巳午
巳卯丑

申癸
卯申
寅未
酉寅
未丑未

辰癸
未辰
戌未
丑戌
巳未酉

亥癸
酉亥
巳未
卯巳
戌未辰

未癸 貴 貴
丑未
丑未
未丑
巳戌卯

卯癸
巳卯
酉未
亥酉
申寅申

戌癸
未戌
辰未
丑辰

午癸
亥午
子未
巳子

寅癸
卯寅
申未
酉申

甲申日

寅巳申 祿馬	戌午寅 祿馬	辰申子
寅甲 寅寅 申申 申申	戌甲 午戌 辰申 子辰	午甲 戌午 子申 辰子
子亥戌	戌巳子	申亥寅 祿馬
丑甲 子丑 未申 午未	酉甲 辰酉 卯申 戌卯	巳甲 申巳 亥申 寅亥
午辰寅 祿馬	寅申寅 祿馬 祿馬	辰午申
子甲 戌子 午申 辰午	申甲 寅申 寅申 申寅	辰甲 午辰 戌申 子戌
巳寅亥 祿馬	子巳戌	辰巳午
亥甲 申亥 巳申 寅巳	未甲 子未 丑申 午丑	卯甲 辰卯 酉申 戌酉

乙
祿
辰酉卯

酉
巳丑酉

日
貴貴
申子辰
坤艮

辰乙貴
辰辰
酉酉
酉酉
申未午

子乙
申子
巳酉
丑巳
亥午丑

申乙
子申
丑酉
巳丑
未戌丑

卯乙祿
寅卯
申酉
未申
未巳卯

亥乙祿祿
午亥
辰酉
亥辰
卯酉卯

未乙貴貴
戌未
子酉
卯子午子
申戌子

寅乙
子寅
未酉
巳未
丑戌未

戌乙
辰戌
卯酉
酉卯
未子巳

午乙馬貴
申午
亥酉
丑亥
亥子丑

丑乙
戌丑
午酉
卯午

酉乙
寅酉
寅酉
未寅

巳乙
午巳
戌酉
亥戌

丙	戊	日
馬 巳申寅	貴祿 酉巳丑	貴祿 酉丑巳 巳亥
己丙 巳巳 戌戌 戌戌	丑丙 酉丑 午戌 寅午	酉丙 丑酉 寅戌 午寅
卯寅丑	子未寅	馬貴 申亥寅
辰丙 卯辰 酉戌 申酉	子丙 未子 巳戌 子巳	申丙 亥申 丑戌 辰丑
貴貴 丑亥酉 己亥	祿貴祿 巳亥巳	子寅辰
卯丙 丑卯 申戌 午申	亥丙 巳亥 辰戌 戌辰	未丙 酉未 子戌 寅子
貴馬祿 亥申巳 坤艮	馬 申丑午	貴 亥子丑
寅丙 亥寅 未戌 辰未	戌丙 卯戌 卯戌 申卯	午丙 未午 亥戌 子亥

丁	亥	日
亥未丑	未卯亥 貴	未亥卯 貴
未丁 未未 亥亥 亥亥	卯丁 亥卯 未亥 卯未	亥丁 卯亥 卯亥 未卯
戌酉申 貴	午丑申 祿	午戌寅 祿
午丁 巳午 戌亥 酉戌	寅丁 酉寅 午亥 丑午	戌丁 丑戌 寅亥 巳寅
酉未巳 貴 馬	巳亥巳 馬貴貴馬	酉亥丑 貴貴
巳丁 卯巳 酉亥 未酉	丑丁 未丑 巳亥 亥巳	酉丁 亥酉 丑亥 卯丑
巳寅亥 馬 貴	巳戌卯 馬	申酉戌 貴
辰丁 丑辰 申亥 巳申	子丁 巳子 辰亥 酉辰	申丁 酉申 子亥 丑子

三

戊子日

戊
巳申寅
巳戊　巳巳　子子　子子
戌酉申
辰戊 貴　卯辰　亥子　戌亥
丑亥酉
卯戊　丑卯　戌子　申戌
午卯子
寅戊　亥寅　酉子　午酉

子
祿 貴
巳申丑
丑戊　未丑　申子　辰申
貴馬
子未寅
子戊　未子　未子　寅未
午子午
亥戊　巳亥　午子　子午
巳戌卯
戌戊　卯戌　巳子　戌巳

日
辰申子
酉戊　丑酉　辰子　申辰
卯午酉
申戊　亥申　卯子　午卯
辰午申
未戊 馬　酉未　寅子　辰寅
寅卯辰
午戊　未午　丑子　寅丑

己丑日

己

丑戌未

未巳貴馬
未未
丑丑
丑丑

子亥戌

午巳馬
巳午
子丑
亥子

亥酉未

巳巳貴
卯巳
亥丑
酉亥

子辰戌

辰巳
丑辰
戌丑
未戌

丑

巳丑酉

卯巳
亥卯
酉丑
巳酉

卯戌巳

寅巳馬
酉寅
申丑
卯申

亥未丑

丑巳
未丑
未丑
丑未

巳戌卯

子巳
巳子
午丑
亥午

日

酉丑巳

亥巳祿
卯亥
巳丑
酉巳

午戌辰

戌巳
丑戌
辰丑
未辰

卯巳未

酉巳
亥酉
卯丑
巳卯

寅卯辰

申巳
酉申
寅丑
卯寅

庚寅日

申寅巳

戌午寅

辰申子 祿

申庚 申申 寅寅 寅寅

子亥戌

辰庚 子辰 戌寅 午戌

戌巳子

子庚 辰子 午寅 戌午

申亥寅 馬祿

未庚 午未 丑寅 子丑

午辰寅

卯庚 戌卯 酉寅 辰酉

寅申寅 馬

亥庚 寅亥 巳寅 申巳

辰午申 馬

午庚 辰午 子寅 戌子

巳寅亥

寅庚 申寅 申寅 寅申

子巳戌

戌庚 子戌 辰寅 午辰

辰巳午

巳庚 寅巳 亥寅 申亥

丑庚 午丑 未寅 子未

酉庚 戌酉 卯寅 辰卯

辛卯日

卯子午 貴
戌辛 戌戌 卯卯 卯卯

丑子亥
酉辛 申酉 寅卯 丑寅

丑亥酉 祿
申辛 午申 丑卯 亥丑

子未子
未辛 辰未 子卯 酉子

未卯亥
午辛 寅午 亥卯 未亥

戌巳子 馬
巳辛 子巳 戌卯 巳戌

卯酉卯 祿
辰辛 戌辰 酉卯 卯酉

卯卯丑
卯辛 申卯 申卯 丑申

未亥卯
寅辛祿 午寅 未卯 亥未

酉子卯
丑辛 辰丑 午卯 酉午

巳未酉 馬
子辛 寅子 巳卯 未巳

辰巳午 馬貴
亥辛 子亥 辰卯 巳辰

壬	辰	日
亥辰戌	子申辰	未亥卯 祿貴
亥壬 亥亥 辰辰 辰辰	未壬 卯未 子辰 申子	卯壬 未卯 申辰 子申
戌酉申	午丑申	戌丑辰
戌壬馬 酉戌 卯辰 寅卯	午壬貴祿貴 丑午 亥辰 午亥	寅壬 巳寅 未辰 戌未
寅子戌	巳亥巳	申戌子
酉壬貴馬祿 未酉 寅辰 子寅艮坤	巳壬馬 亥巳 戌辰 辰戌	丑壬 卯丑 午辰 中午
巳寅亥	寅未子	丑寅卯 馬貴
申壬 巳申 丑辰 戌丑	辰壬 酉辰 酉辰 寅酉	子壬 丑子 巳辰 午巳

	癸	巳	日
	丑戌未	巳丑酉 貴	酉丑巳 貴
	丑癸 丑丑 巳巳 巳巳	酉癸 巳酉 丑巳 酉丑	巳癸 酉巳 酉巳 丑酉
	卯寅丑 貴	卯戌巳 貴 貴	申亥寅 馬
	子癸 亥子 辰巳 卯辰	申癸 卯申 子巳 未子	辰癸 未辰 申巳 亥申
	丑亥酉 馬	巳亥巳 貴馬貴	未酉亥 馬
	亥癸 酉亥 卯巳 丑卯	未癸 丑未 亥巳 巳亥	卯癸 巳卯 未巳 酉未
	戌未辰	午亥辰 馬	未申酉
	戌癸 未戌 寅巳 亥寅	午癸 亥午 戌巳 卯戌	寅癸 卯寅 午巳 未午

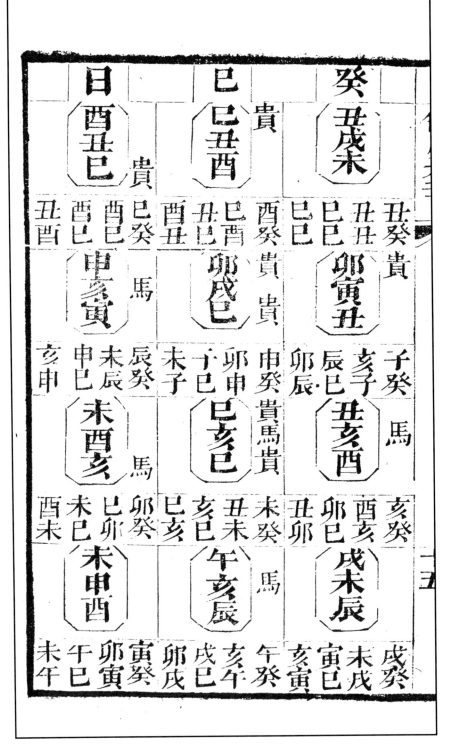

甲	午	日
寅巳申　祿 馬	戌午寅　祿	寅午戌　祿
寅甲　寅寅　午午　午午	戌甲　午戌　寅午　戌寅	午甲　戌午　戌午　寅戌
子亥戌	酉辰亥	申亥寅　馬 祿
丑甲　子丑　巳午　辰巳	酉甲　辰酉　丑午　申丑	巳甲　申巳　酉午　子酉
戌申午　馬	寅申寅　祿 馬 祿	辰午申　馬
子甲　戌子　辰午　寅辰	申甲　寅申　子午　午子	辰甲　午辰　申午　戌申
申巳寅　馬 祿	子巳戌	辰巳午
亥甲　申亥　卯午　子卯	未甲　子未　亥午　辰亥	卯甲　辰卯　未午　申未

乙	未	日
辰未丑	卯亥未	亥卯未
辰乙 辰辰 未未 未未	子乙 申子 卯未 亥卯	申乙 子申 亥未 卯亥
祿 戌卯午	貴 午丑申	未戌丑
卯乙 寅卯 午未 巳午	亥乙 午亥 寅未 酉寅	未乙 戌未 戌未 丑戌
馬 亥寅巳	戌辰戌	貴 貴 申戌子
寅乙 子寅 巳未 卯巳	戌乙 辰戌 丑未 未丑	午乙 申午 酉未 亥酉
丑戌未	馬 巳戌卯	酉戌亥
丑乙 戌丑 辰未 丑辰	酉乙 寅酉 子未 巳子	巳乙 午巳 申未 酉申

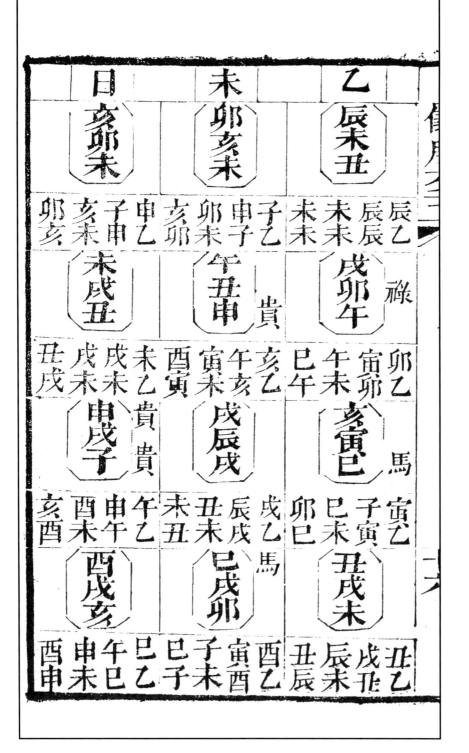

	丙				申				日		
馬	巳申寅				子申辰			貴祿	酉丑巳		
巳丙	巳巳	申申	申申	丑丙	酉丑	辰申	子辰	酉丙	丑酉	子申	辰子
馬	卯寅丑				戌巳子			貴馬	申亥寅		
辰丙	卯辰	未申	午未	子丙	未子	卯申	戌卯	申丙	亥申	亥申	寅亥
貴貴	丑亥酉			馬馬	寅申寅			馬	子寅辰		
卯丙	丑卯	午申	辰午	亥丙	巳亥	寅申	申寅	未丙	酉未	戌申	子戌
祿馬貴	巳寅亥				卯申丑			貴貴	酉戌亥		
寅丙	亥寅	巳申	寅巳	戌丙	卯戌	丑申	午丑	午丙	未午	酉申	戌酉

丁酉日

酉未丑 貴

未丁
未未
酉酉
酉酉

申未午 祿

午丁
巳午
申酉
未申

丑巳巳

巳丁 祿
卯巳
未酉
巳未

午卯子

辰丁
丑辰
午酉
卯午

巳丑酉 貴

卯丁
亥卯
巳酉
丑巳

亥午丑 貴祿

寅丁
酉寅
辰酉
亥辰

卯酉卯 貴

丑丁
未丑
卯酉
酉卯

未子寅

子丁
巳子
寅酉
未寅

亥卯未 貴

亥丁
卯亥
丑酉
巳丑

子卯午 祿

戌丁
丑戌
子酉
卯子

酉亥丑 貴貴

酉丁 貴
亥酉
亥酉
酉亥

亥子丑

申丁
酉申
戌酉
亥戌

戊戊日

巳申寅　馬
巳戊　巳巳　戌戌　戌戌
卯寅丑　貴
辰戊　卯辰　酉戌　申酉
貴　丑亥酉
卯戊　丑卯　申戌　午申
寅亥申　馬
寅戊　亥寅　未戌　辰未

寅戌午
丑戌　酉丑　午戌　寅午
子未寅
子戌　未子　巳戌　子巳
祿　祿　巳亥巳
亥戌　巳亥　辰戌　戌辰
馬貴　申丑午
戌戌　卯戌　卯戌　申卯

寅午戌
酉戊　丑酉　寅戌　午寅
祿　亥寅巳
申戊　亥申　丑戌　辰丑
子寅辰
未戊　酉未　子戌　寅子
貴　亥子丑
午戊　未午　亥戌　子亥

巳

亥未丑

未巳 未未 亥亥 亥亥

貴

戌酉申

午巳 巳午 戌亥 酉戌

卯丑亥

巳巳馬 卯巳 酉亥 未酉

巳寅亥

辰巳 丑辰 申亥 巳申

亥

未卯亥

卯巳祿 亥卯 未亥 卯未

貴

午丑申

寅巳馬 酉寅 午亥 丑午

馬

巳亥巳

丑巳馬 未丑 巳亥 亥巳

巳戌卯

子巳 巳子 辰亥 亥辰

月

未亥卯

亥巳 卯亥 卯亥 未卯

馬貴

寅巳申

戌巳 丑戌 寅亥 巳寅

馬

丑卯巳

酉巳 亥酉 丑亥 卯丑

丑寅卯

申巳 酉申 子亥 丑子

庚子日

庚

申寅巳 馬

申庚 申申 子子 子子

戌酉申 祿

未庚 午未 亥子 戌亥

戌申子 祿

午庚 辰午 戌子 申戌

午卯子

巳庚 寅巳 酉子 午酉

子

子申辰 祿

辰庚 子辰 申子 辰申

戌巳子

卯庚 戌卯 未子 寅未

寅申寅 馬 馬

寅庚 申寅 午子 子午

巳戌卯

丑庚 午丑 巳子 戌巳

日

辰申子 祿

子庚 辰子 辰子 申辰

午酉子

亥庚 寅亥 卯子 午卯

辰午申

戌庚 馬 子戌 寅子 辰寅

寅卯辰

酉庚 戌酉 丑子 寅丑

辛	丑	巳
丑戌未	巳丑酉（祿）	酉丑巳（祿）
戌辛 戌戌 丑丑 丑丑	午辛 寅午 酉丑 巳酉	寅辛 午寅 巳丑 酉巳
子亥戌（馬）	卯戌巳	巳丑丑
酉辛 申酉 子丑 亥子	巳辛 子巳 申丑 卯申	丑辛 辰丑 辰丑 未辰
亥酉未（馬祿）	亥未辰（馬）	卯巳未
申辛 午申 亥丑 酉亥	辰辛 戌辰 未丑 丑未	子辛 寅子 卯丑 巳卯
巳未未	卯申丑	寅卯辰（貴）
未辛 辰未 戌丑 未戌	卯辛 申卯 午丑 亥午	亥辛 子亥 寅丑 卯寅

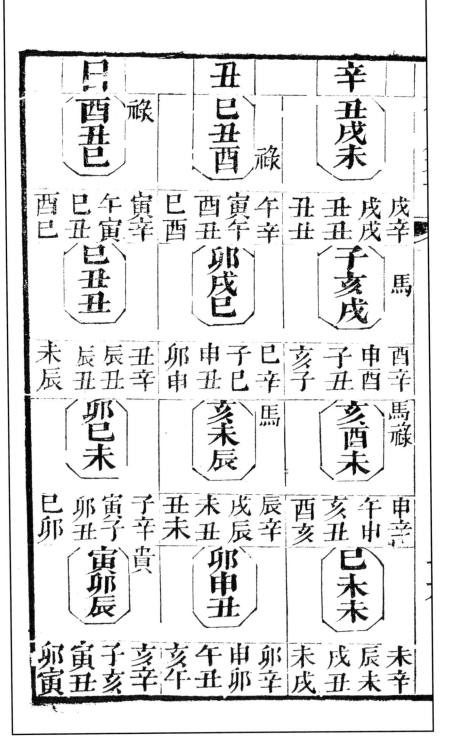

壬	寅	日
亥寅巳	戌午寅	貴 未亥卯
亥壬 亥亥 寅寅 寅寅	未壬 卯未 戌寅 午戌	卯壬 未卯 午寅 戌午
祿 子亥戌	馬 午丑申	馬祿 申亥寅
戌壬 酉戌 丑寅 子丑	午壬 丑午 酉寅 辰酉	寅壬 巳寅 巳寅 申巳
馬 戌申午	馬 寅申寅	馬 午辰申
酉壬 未酉 子寅 戌子	巳壬 亥巳 申寅 寅申	丑壬 卯丑 辰寅 午辰
貴祿 巳寅亥	貴 子巳戌	貴 辰巳午
申壬 巳申 亥寅 申亥	辰壬 酉辰 未寅 子未	子壬 丑子 卯寅 辰卯

癸	卯	日
丑戊未	未卯亥 貴	酉丑巳 貴
丑癸 丑丑 卯卯 卯卯	酉癸 巳酉 亥卯 未亥	巳癸 酉巳 未卯 亥未
丑子亥 祿	卯戌巳 貴 貴 馬	酉子卯 祿 貴
子癸 亥子 寅卯 丑寅	申癸 卯申 戌卯 巳戌	辰癸 未辰 午卯 酉午
丑亥酉	卯酉卯 貴 貴	未酉亥
亥癸 酉亥 丑卯 亥丑	未癸 丑未 酉卯 卯酉	卯癸 己卯 巳卯 未巳
戌未辰	午亥辰	辰巳午 馬
戌癸 未戌 子卯 酉子	午癸 亥午 申卯 丑申	寅癸 卯寅 辰卯 巳辰

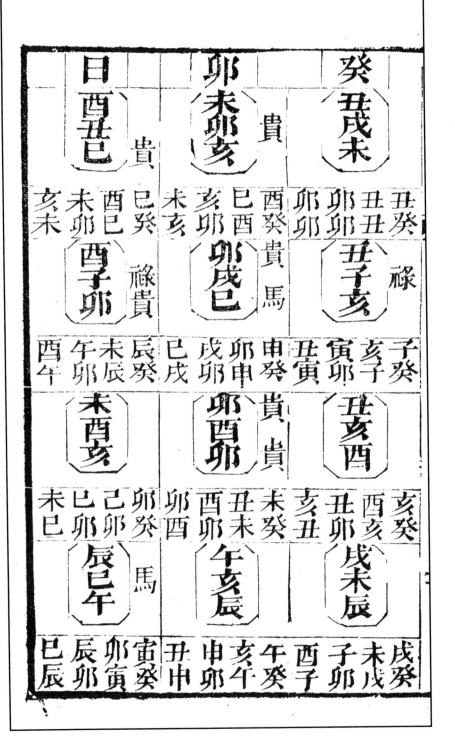

申	辰	日
寅巳申 祿馬	戌午寅 祿馬	申子辰
寅甲 寅寅 辰辰 辰辰	戌甲 午戌 子辰 申子	午甲 寅午 申辰 子申
子亥戌	午丑申 貴	申亥寅 祿
丑甲 子丑 卯辰 寅卯	酉甲 辰酉 亥辰 午亥	巳甲 申巳 未辰 戌未
戌申午	寅申寅 祿 馬	辰午申
子甲 戌子 寅辰 子寅	申甲 寅申 戌辰 辰戌	辰甲 午辰 午辰 申午
申巳寅 祿馬	寅未子 祿貴	辰巳午
亥甲 申亥 丑辰 戌丑	未甲 子未 酉辰 寅酉	卯甲 辰卯 巳辰 午巳

乙巳日

辰巳申 貴	酉巳丑	酉丑巳
辰乙 辰辰 巳巳 巳巳	子乙 申子 丑巳 酉丑	申乙 子申 酉巳 丑酉
祿 卯寅丑	午丑申 貴	未戌丑
卯乙 寅卯 辰巳 卯辰	亥乙 午亥 子巳 未子	未乙 戌未 申巳 亥申
馬 丑亥酉	馬 巳亥巳	貴 貴 申戌子
寅乙 子寅 卯巳 寅卯	戌乙 辰戌 亥巳 巳亥	午乙 申午 未巳 酉未
丑戌未	貴 寅未子	貴 未申酉
丑乙 戌丑 寅巳 亥寅	酉乙 寅酉 戌巳 卯戌	巳乙 午巳 午巳 未午

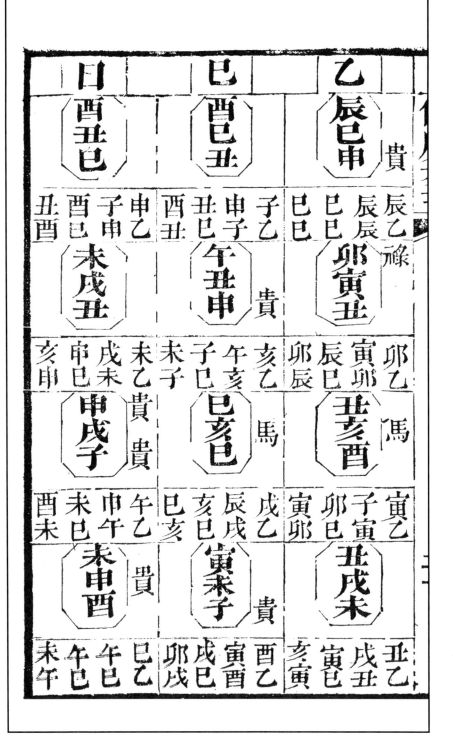

丙午日

祿馬 巳申寅	戌午寅	貴 祿 酉丑巳
巳丙 巳巳 午午 午午	丑丙 酉丑 寅午 戌寅	酉丙 丑酉 戌午 寅戌
卯寅丑	子未寅	馬貴 申亥寅
辰丙 卯辰 巳午 辰巳	子丙 未子 丑午 申丑	申丙 亥申 酉午 子酉
貴貴 丑亥酉	午子午	馬 甲戌子
卯丙 丑卯 辰午 寅辰	亥丙 巳亥 子午 午子	未丙 酉未 申午 戌申
貴 子酉午	貴 辰酉寅	馬貴 申酉戌
寅丙 亥寅 卯午 子卯	戌丙 卯戌 亥午 辰亥	午丙 未午 未午 申未

丁

未丑戌

未丁

卯午午 祿祿

午丁 巳午 午未 巳午

丑巳巳 卯 馬馬

巳丁 卯巳 巳未 卯巳

亥辰辰 貴

辰丁 丑辰 辰未 丑辰

未

卯亥未 貴

卯丁 亥卯

酉辰亥 貴 貴

寅丁 酉寅

巳丑丑 馬

丑丁 未丑

巳戌卯 馬

子丁 巳子

日

亥卯未 貴

亥丁 卯亥

亥戌戌 貴

戌丁 丑戌

酉亥丑 貴貴

酉丁 丑酉

申酉戌 貴

申丁 酉申

戊申日

巳申寅　祿馬
巳戌
巳巳
申申
申申

卯寅丑　馬
辰戌　貴
卯辰
未申
午未

丑亥酉
卯戌　馬
丑卯
午申
辰午

寅亥申
寅戌
亥寅
巳申
寅巳

子申辰
丑戌
酉丑
辰申
子辰

子未寅　貴馬
子戌　馬
未子
卯申
戌卯

寅申寅　馬
亥戌
巳亥
寅申
申寅

卯申丑　貴
戌戌
卯戌
丑申
午丑

辰申子
酉戌
丑酉
子申
辰子

寅巳申　馬祿
申戌
亥申
亥申
寅亥

子寅辰　馬
未戌
酉未
戌申
子戌

戌酉午
午戌
未午
酉申
戌酉

己
酉未丑

未巳 未未 酉酉 酉酉
戌午申 祿貴

午巳 巳午 申酉 未申
卯丑亥 馬

巳巳 卯巳 未酉 巳未
午卯子 祿貴

辰巳 丑辰 午酉 卯午

酉
巳丑酉

卯巳 亥卯 巳酉 丑巳
亥午丑 馬祿

寅巳 酉寅 辰酉 亥辰
卯酉卯

丑巳 未丑 卯酉 酉卯
未子巳 貴

子巳 巳子 寅酉 未寅

日
亥卯未 馬

亥巳 卯亥 丑酉 巳丑
卯午酉 祿

戌巳 丑戌 子酉 卯子
丑卯巳

酉巳 亥酉 亥酉 丑亥
亥子丑 馬貴

申巳 酉申 戌酉 亥戌

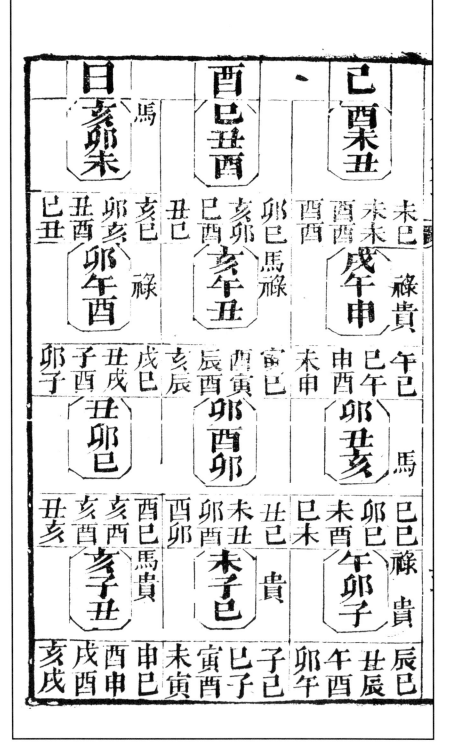

庚戌日

申寅巳 祿
申庚 申申 戌戌 戌戌

午巳辰
未庚 午未 酉戌 申酉

午辰寅
午庚 辰午 申戌 午申

巳寅亥
巳庚 寅巳 未戌 辰未

子申辰 馬
辰庚 子辰 午戌 寅午

戌巳子
卯庚 戌卯 巳戌 子巳

寅申寅 馬
寅庚 申寅 辰戌 戌辰

申丑午 馬貴
丑庚 午丑 卯戌 申卯

辰申子 馬
子庚 辰子 寅戌 午寅

寅巳申 馬祿
亥庚 寅亥 丑戌 辰丑

子寅辰
戌庚 子戌 子戌 寅子

亥子丑 貴
酉庚 戌酉 亥戌 子亥

辛

亥戌未

戌辛
戌戌
亥亥
亥亥
祿

戌酉申

酉辛貴
申酉
戌亥
酉戌
貴

午辰寅

申辛馬貴
午申
酉亥
未酉
發山第一

巳寅亥

未辛
辰未
申亥
巳申

亥

未卯亥

午辛貴
寅午
未亥
卯未

午丑申

巳辛馬
子巳
午亥
丑午
馬

巳亥巳

辰辛
戌辰
巳亥
亥巳

卯申丑

卯辛
申卯
辰亥
酉辰

日

未亥卯

寅辛馬
午寅
卯亥
未卯

巳申亥

丑辛
辰丑
寅亥
巳寅
馬

丑卯巳

子辛
寅子
丑亥
卯丑
貴

丑寅卯

亥辛
子亥
子亥
丑子

壬子日

祿 貴
亥子卯
亥壬 亥亥 子子 子子
戌酉申
戌壬 酉戌 亥子 戌亥
戌申午
酉壬 未酉 戌子 申戌
貴
午卯子
申壬 巳申 酉子 午酉

未卯亥
貴祿
未壬 卯未 申子 辰申
午丑申
午壬 丑午 未子 寅未
午子午
巳壬 亥巳 午子 子午
貴 貴
巳戌卯
辰壬 酉辰 巳子 戌巳

未亥卯
祿貴
卯壬 未卯 辰子 申辰
午酉子
寅壬 巳寅 卯子 午卯
辰午申
丑壬 卯丑 寅子 辰寅
馬貴
寅卯辰
子壬 丑子 丑子 寅丑

癸
丑戌未
丑癸
丑丑
子亥戌
子癸
亥子
亥酉未
亥癸
酉亥
丑
戌未辰
戌癸
未戌
丑

丑
巳丑酉
貴
酉癸貴
巳酉
卯戌巳
貴
申癸
卯申
未丑未
未癸
丑未
午亥辰
馬
午癸
亥午

巳
酉丑巳
貴
巳癸
酉巳
辰未戌
辰癸貴貴
貴
未辰
卯巳未
卯癸
巳卯
寅卯辰
貴
寅癸
卯寅

甲	寅	日
寅巳申　祿　馬	戌午寅　祿	申午午　馬
寅甲　寅寅	戌申　午戌	午申　戌午
子亥戌	酉辰亥	申亥寅　馬　祿
丑甲　子丑	酉申　辰酉	巳申　申巳
戌申午　馬	寅申寅　祿馬　馬祿	辰午申　馬
子甲貴　戌子	申甲　寅申	辰甲　午辰
丑亥亥	子巳戌	辰巳午
亥甲　申亥	未甲　子未	卯甲　辰卯

乙卯日

辰卯子　祿貴
辰乙　辰辰　卯卯　卯卯
丑子亥　貴
卯乙　寅卯　寅卯　丑寅
亥酉未
寅乙　子寅　丑卯　亥丑
丑戌未
丑乙　戌丑　子卯　酉子

未卯亥　祿
子乙　申子　亥卯　未亥
午丑申　貴
亥乙　午亥　戌卯　巳戌
卯酉卯　祿　祿
戌乙　辰戌　酉卯　卯酉
寅未子　貴
酉乙　寅酉　申卯　丑申

未亥卯　祿
申乙　子申　未卯　亥未
酉子卯　祿
未乙　戌未　午卯　酉午
申戌子　貴　貴
午乙　申午　巳卯　未巳
辰巳午　馬
巳乙　午巳　辰卯　巳辰

丙辰日

巳申寅 祿馬	子申辰	酉丑巳 貴祿
巳丙 巳巳 辰辰 辰辰	丑丙 酉丑 子辰 申子	酉丙 丑酉 申辰 子申
卯寅丑 馬	午丑申	申亥寅 貴祿馬
辰丙 卯辰 卯辰 寅卯	子丙 未子 亥辰 午亥	申丙 亥申 未辰 戌未
丑亥酉 貴貴	巳亥巳 祿貴祿	申戌子
卯丙 丑卯 寅辰 子寅	亥丙 巳亥 戌辰 辰戌	未丙 酉未 午辰 申午
亥申巳 貴祿	寅未子 馬	亥午午 貴
寅丙 亥寅 丑辰 戌丑	戌丙 卯戌 酉辰 寅酉	午丙 未午 巳辰 午巳

丁巳日

巳申寅

貴 馬
亥未卯

貴
酉丑巳

未丁 未未 巳巳 巳巳
卯寅丑

卯丁 貴 貴 亥卯 丑巳 酉丑
酉辰亥

亥丁 貴 卯亥 酉巳 丑酉
申亥寅

午丁 貴貴 巳午 辰巳 卯辰
丑亥酉

寅丁 貴 酉寅 子巳 未子
巳亥巳

戌丁 貴貴 丑戌 申巳 亥申
酉亥丑

巳丁 貴 卯巳 卯巳 辰卯
亥申辰

丑丁 未丑 亥巳 巳亥
巳戌卯

酉丁 貴 亥酉 未巳 酉未
申酉戌

辰丁 丑辰 寅巳 亥寅

子丁 巳子 戌巳 卯戌

申丁 酉申 午巳 未午

祿馬 巳戊 貴 辰戊貴 卯戊 馬 寅戊

戊巳申寅 巳巳 午午 卯寅丑 卯辰 巳午 丑亥酉 丑卯 辰午 寅亥申 亥寅 卯午

午午 辰巳 寅辰 子卯

丑戊 貴 子戊 亥戊 戊戊

午戊午寅 酉丑 寅午 子未寅 未子 丑午 午子午 巳亥 子午 辰酉寅 卯戊 亥午

戊寅 申丑 午子 辰亥

酉戊 申戊馬 未戊 午戊

日寅午戊 丑酉 戊午 酉子卯 亥申 酉午 申戊子 酉未 申午 寅子午 未午 未午

寅戊 子酉 戊申 申未

長…衞邪未

未乙
子未
子未
未巳

值用之三

己未丑戌

未巳
酉未
[illegible]卯午午
未巳

卯巳
亥卯
酉辰亥

亥巳
卯亥
亥戌戌

未卯亥未

日亥卯未

午巳
卯巳
丑巳巳

寅巳馬
酉寅
巳丑丑

戌巳
三酉加丁
山作貴
丑戌
酉酉酉

獨足格

馬馬

巳巳
卯巳
亥辰辰

丑巳馬
未丑
巳戌卯

酉巳
貴貴
亥酉
未申申
酉未
亥酉

辰巳
丑辰

子巳
巳子

申巳
酉申

六

庚申日

申寅巳 祿馬

申申 申庚

酉未未 貴貴

午未 未庚

午辰寅 馬

辰午 午庚

巳寅亥 馬

寅巳 巳庚

子申辰 祿

子辰 辰庚

戌巳子 貴

戌卯 卯庚

寅申寅 馬祿馬

申寅 寅辰

卯丑丑 貴貴

午丑 丑庚

辰申子 祿

辰子 子庚貴

丑亥亥

寅亥 亥庚

子寅辰 馬

子戌 戌庚

亥酉酉

戌酉 酉庚

辛
祿
酉戌

酉
祿
巳丑酉

日
貴貴
寅午戌

戌辛 祿祿
酉酉 / 丑酉酉
午辛馬貴
寅辛午
巳酉 / 亥午丑
丑巳
寅辛 貴祿
午寅
丑酉 / 卯午酉
巳丑

酉辛 貴貴
申酉
申酉 / 午辰寅
未申
巳辛 祿
子巳
辰酉 / 卯酉卯
亥辰
丑辛
辰丑
子酉 / 丑卯巳
卯子

申辛
午申
未酉 / 午卯子
巳未
辰辛
戌辰
卯酉 / 未子巳
酉卯
子辛馬
寅子
亥酉 / 亥子丑
丑亥

未辛
辰未
午酉
卯午
卯辛
申卯
寅酉
未寅
亥辛
子亥
戌酉
亥戌

祿	壬 亥戌未			貴祿		戊 卯戌未		祿貴		日 未亥卯	
亥壬 馬	亥亥	戌戌 戌酉申	戌戌	未壬 馬	卯未	午戌 午丑申	寅午	卯壬	未卯	寅戌 辰未戌	午寅
戌壬	酉戌	酉戌 午辰寅	申酉	午壬 貴祿貴	丑午	巳戌 巳亥巳	子巳	寅壬	巳寅	丑戌 子寅辰	辰丑
酉壬 貴祿	未酉	申戌 巳寅亥	午申	巳壬 馬	亥巳	辰戌 申丑午	戌辰	丑壬 祿	卯丑	子戌 亥子丑	寅子
申壬	巳申	未戌	辰未	辰壬	酉辰	卯戌	申卯	子壬	丑子	亥戌	子亥

癸丑戌未　貴　亥未卯亥　貴　日酉丑巳

丑癸　亥亥　酉癸貴馬　巳酉　未亥　卯未　巳癸　酉巳　卯亥　未卯

戌酉申　卯戌巳　辰未戌

子癸貴貴　亥子　戌亥　酉戌　申癸貴貴　卯申　午亥　丑午　辰癸貴貴　未辰　寅亥　巳寅

未巳卯　巳亥巳　丑卯巳

亥癸貴　酉亥　酉亥　未酉　申癸　丑未　巳亥　亥巳　卯癸　巳卯　丑亥　卯丑

巳寅亥　午亥辰　貴　丑寅卯

戌癸　未戌　申亥　巳申　午癸　亥午　辰亥　酉辰　寅癸　卯寅　子亥　丑子

儀度六壬跋

六壬選日法、智仁勇三部刻竣、余　祖呼灼輩而諭之曰、金彈子註云陰陽之理、與天地合其德、與日月合其明、與鬼神合其吉凶、彼固知造化氤氳之機、總不出天地日月、而鬼神則天地日月中、效用之物也、唯大六壬、聖人識透此機關、緊握其爲德爲明處而運用之、此所以鬼神不得不合其吉凶、余辛巳年、姑蘇費數十金得傳六壬選日法、但止知十二將、十二

神、天盤地盤交錯往來、以斷此小吉凶。若要於中斷
出大富大貴發科發甲、則不能也。因此日間推衍其
數、夜裡思維、而引伸之、如此經營八九年、忽一日暮
影中、人言曰、吾知汝心思苦甚、吾來告汝、機關盡在
四丙串課中、起身拱手、寂然不見、爰秉燭取課、而細
繹之、方知某山某向該發某命人、方知某山某向該
某年某月發福、方知某山某向該某房分人發科發
甲、催官催子、催財皆有鐵板定數、一如挨星撥砂法

無異次子廷樫曰此止吾　父一人神授心領並無
成書若秘而不傳詎不深爲可惜由是日夜排算錄
出底稿竟易四五次又歷八九年丁酉至全州方得
書成嗚呼此一書也余費心力十六七年發明千百
年來未有之奇文爲天下後世日用所必需之書凡
我後人慎毋輕忽視之余　祖之言如此灼等謹誌
傳示子孫幼時入學即取砂水要訣儀度六壬朝夕
肄業熟讀而細玩之然後用力經書以工時藝章法

亦以祖作短篇爲準、葢堪輿一事、實附青雲階梯、也。世未有不得階梯而青雲可附者。後裔誠世世謹守祖訓、富貴綿遠、則吾張族詎不成望族也哉、

康熙己亥年中秋日孫男張永灼 張永熉誌全州官舍

占筮類

1	擲地金聲搜精秘訣	心一堂編	沈氏研易樓藏稀見易占秘鈔本
2	卜易拆字秘傳百日通	心一堂編	
3	易占陽宅六十四卦秘斷	心一堂編	火珠林占陽宅風水秘鈔本

星命類

4	斗數宣微	【民國】王裁珊	民初最重要斗數著述之一；未刪改本
5	斗數觀測錄	【民國】王裁珊	失傳民初斗數重要著作
6	《地星會源》《斗數綱要》合刊	心一堂編	失傳的第三種飛星斗數
7	《斗數秘鈔》《紫微斗數之捷徑》合刊	心一堂編	珍稀「紫微斗數」舊鈔秘本
8	斗數演例	心一堂編	
9	紫微斗數全書（清初刻原本）	題【宋】陳希夷	斗數全書本來面目；有別於錯誤極多的坊本
10－12	鐵板神數（清刻足本）——附秘鈔密碼表	題【宋】邵雍	無錯漏原版秘鈔密碼表　首次公開！
13－15	蠢子數纏度	題【宋】邵雍	蠢子數連密碼表　打破數百年秘傳　首次公開！
16－19	皇極數	題【宋】邵雍	清鈔孤本附起例及完整密碼表　研究神數必讀！
20－21	邵夫子先天神數	題【宋】邵雍	附手鈔密碼表　研究神數必讀！
22	八刻分經定數（密碼表）	題【宋】邵雍	皇極數另一版本；附手鈔密碼表
23	新命理探原	【民國】袁樹珊	子平命理必讀教科書！
24－25	袁氏命譜	【民國】袁樹珊	
26	韋氏命學講義	【民國】韋千里	民初二大命理家南袁北韋
27	千里命稿	【民國】韋千里	
28	精選命理約言	【民國】韋千里	北韋之命理經典
29	滴天髓闡微——附李雨田命理初學捷徑	【民國】袁樹珊、李雨田	命理經典未刪改足本
30	段氏白話命學綱要	【民國】段方	民初命理經典最淺白易懂
31	命理用神精華	【民國】王心田	學命理者之寶鏡

32	命學探驪集	【民國】張巢雲	稀見民初子平命理著作 發前人所未發
33	澹園命談	【民國】高澹園	
34	算命一讀通——鴻福齊天	【民國】不空居士、覺先居士合纂	
35	子平玄理	【民國】施惕君	
36	星命風水秘傳百日通	心一堂編	
37	命理大四字金前定	題【晉】鬼谷子王詡	源自元代算命術
38	命理斷語義理源深	心一堂編	稀見清代批命斷語及活套
39－40	文武星案	【明】陸位	失傳四百年《張果星宗》姊妹篇 千多星盤命例　研究命學必備
相術類			
41	新相人學講義	【民國】楊叔和	失傳民初白話文相術書
42	手相學淺說	【民國】黃龍	民初中西結合手相學經典
43	大清相法	心一堂編	重現失傳經典相書
44	相法易知	心一堂編	
45	相法秘傳百日通	心一堂編	
堪輿類			
46	靈城精義箋	【清】沈竹礽	沈氏玄空遺珍 玄空風水必讀
47	地理辨正抉要	【清】沈竹礽	
48	《玄空古義四種通釋》《地理疑義答問》合刊	沈瓞民	
49	《沈氏玄空吹虀室雜存》《玄空捷訣》合刊	【民國】申聽禪	
50	漢鏡齋堪輿小識	【民國】查國珍、沈瓞民	
51	堪輿一覽	【清】孫竹田	失傳已久的無常派玄空經典
52	章仲山挨星秘訣（修定版）	【清】章仲山	章仲山無常派玄空珍秘 門內秘本首次公開 沈竹礽等大師尋覓一生末得之珍本！
53	臨穴指南	【清】章仲山	
54	章仲山宅案附無常派玄空秘要	心一堂編	
55	地理辨正補	【清】朱小鶴	玄空六派蘇州派代表作
56	陽宅覺元氏新書	【清】元祝垚	簡易・有效・神驗之玄空陽宅法
57	地學鐵骨秘　附　吳師青藏命理大易數	【民國】吳師青	釋玄空廣東派地學之秘
58－61	四秘全書十二種（清刻原本）	【清】尹一勺	玄空湘楚派經典本來面目 有別於錯誤極多的坊本

62	地理辨正補註　附 元空秘旨　天元五歌　玄空精髓　心法秘訣等數種合刊	【民國】胡仲言	貫通易理、巒頭、三元、三合、天星、中醫
63	地理辨正自解	【清】李思白	公開玄空家「分率尺、工部尺、量天尺」之秘
64	許氏地理辨正釋義	【民國】許錦灝	民國易學名家黃元炳力薦
65	地理辨正天玉經內傳要訣圖解	【清】程懷榮	秘訣一語道破，圖文并茂
66	謝氏地理書	【民國】謝復	玄空體用兼備、深入淺出
67	論山水元運易理斷驗、三元氣運說附紫白訣等五種合刊	【宋】吳景鸞等	失傳古本《玄空秘旨》《紫白訣》
68	星卦奧義圖訣	【清】施安仁	三元玄空門內秘笈　清鈔孤本　過去均為必須守秘不能公開秘密　與今天流行飛星法不同
69	三元地學秘傳	【清】何文源	
70	三元玄空挨星四十八局圖說	心一堂編	
71	三元挨星秘訣仙傳	心一堂編	
72	三元地理正傳	心一堂編	
73	三元天心正運	心一堂編	
74	元空紫白陽宅秘旨	心一堂編	
75	玄空挨星秘圖　附 堪輿指迷	心一堂編	
76	姚氏地理辨正圖說　附 地理九星并挨星真訣全圖　秘傳河圖精義等數種合刊	【清】姚文田等	蓮池心法　玄空六法門內秘鈔本首次公開
77	元空法鑑批點本——附 法鑑口授訣要、秘傳玄空三鑑奧義匯鈔　合刊	【清】曾懷玉等	
78	元空法鑑心法	【清】曾懷玉等	
79	蔣徒傳天玉經補註	【清】項木林、曾懷玉	揭開連城派風水之秘
80	地理學新義	【民國】俞仁宇撰	
81	地理辨正揭隱（足本）　附連城派秘鈔口訣	【民國】王邈達	
82	趙連城傳地理秘訣附雪庵和尚字字金	【明】趙連城	
83	趙連城秘傳楊公地理真訣	【明】趙連城	
84	地理法門全書	仗溪子、芝罘子	巒頭風水，內容簡核、深入淺出
85	地理方外別傳	【清】熙齋上人	巒頭形勢、「望氣」「鑑神」
86	地理輯要	【清】余鵬	集地理經典之精要
87	地理秘珍	【清】錫九氏	巒頭、三合天星，圖文並茂
88	《羅經舉要》附《附三合天機秘訣》	【清】賈長吉	清鈔孤本羅經、三合訣法圖解
89-90	嚴陵張九儀增釋地理琢玉斧巒	【清】張九儀	清初三合風水名家張九儀經典清刻原本！